EVDOXE
TRAGI-COMEDIE

1641

EVDOXE

TRAGI·CO·MEDIE·

Par Monsieur DE SCVDERY.

A PARIS,

Chez AVGVSTIN COVRBE', Imprimeur
& Libraire de Monseigneur Frere du Roy,
dans la petite Salle du Palais,
à la Palme.

M. DC. XXXXI.
Auec Priuilege de sa Majesté,

EVDOXE
AVX DAMES.

QVOY que ie ne paroiſſe pas deuant vous, auec toute la pompe, & toute la magnificence, qu'ont accouſtumé d'auoir, les perſonnes de ma condition: j'eſpere que vous n'oublierez pas, que i'ay porté des Sceptres & des Couronnes; que ie me ſuis veuë deux fois ſur le Thrône; & que les Princes dont ie ſuis ſortie, ont eſté les Maiſtres du monde. Mais aimables & illuſtres Dames, ie ne vous ſay pas ſouuenir de ma gloire, pour vous obliger au reſpect: il ſuffit que vous ayez quelque pitié de mes infortunes: & ie ne vous parle de l'eſtat glorieux où ie me ſuis veuë, que pour vous porter plus aiſement à cette pitié, quand vous

verrez celuy où ie suis réduite. Ie crains qu'il
ne se trouue des esprits assez injustes, pour
dire que i'ay merité mes disgraces : & des
Censeurs assez seueres, pour blasmer vne affection toute pure & toute innocente. Il est
des gens qui croyent qu'on ne peut iamais
rien aimer sans crime, parce qu'ils n'ont iamais rien aimé sans cela : & qui condamnent
toute la terre, parce qu'ils en sont condam-
nez. C'est contre cette dangereuse espece
d'hommes, que i'implore vostre assistance:&
c'est par vostre propre gloire que ie vous
conjure, de vouloir deffendre la mienne.
Dittes leur donc, en parlant pour vous &
pour moy, que l'Amour & l'Honneur sont
tousiours ensemble, quand la Vertu les a
joincts : qu'il est des flames si pures, qu'elles
n'ont iamais de fumée: & vn feu si détaché
de la matiere, qu'il subsiste tousiours sans elle,
aussi bien que l'Elementaire. Dittes leur que
s'il se trouue des corps en la nature, que le feu
ne destruit iamais ; il est de mesme des esprits
dont l'innocence est à l'espreuue, des plus
ardentes affectiós. Dittes leur que ces esprits
amoureux & purs, sont dans le feu comme.

l'or : mais qu'ils y font comme luy fans altera-
tion, & fans que leur prix diminuë. En fin, il-
luftres & belles Dames, dittes leur encor, que
la flame que i'allumay dans Carthage, iuftifie
celle qu'Vrface auoit allumée en mon cœur:
& qu'vne perfonne qui voulut mourir, pour
conferuer fa pureté, n'auoit garde de viure
pour la ternir. Que fi leur courage inflexible
ne fe rend point, faites les fouuenir qu'il eft
honteux, à des hommes de leur Nation, de
m'eftre plus inhumains, que ne me le furent,
& les Goths, & les Vandales: & que ie ferois
bien malheureufe, fi ie trouuois des Môftres
plus cruels en France, que ie n'en rencontray
en Affrique: puis que l'vne en eft appellée la
mere, & que quelques vns ont efcrit, qu'il
n'y en a iamais en l'autre. Si i'obtiens cette faueur de vous, pour la reconnoiftre en quelque façon; ie publieray par tout l'Vniuers,
que la ciuilité Françoife eft incomparable;
que le merite des Dames y eft fans efgal; &
que les Beautez Greques cedent aux voftres,
encore qu'vne d'entr'elles, ait embrafé toute
l'Afie, & fait armer toute l'Europë.

LES ACTEVRS.

EVDOXE, Imperatrice d'Occident.

PLACIDIE,
EVDOXE, } ses filles.

GENSERIC, Roy des Vandales.

THRASIMOND, son fils.

VRSACE, Cheualier Romain en habit d'Esclaue.

OLIMBRE, Cheualier Romain.

OLICHARSIS, Affricain.

ASPAR, Affricain.

TALERBAL, Iardinier du Roy.

TROVPE, de Gardes.

La Scene est deuant le Palais Royal à Carthage.

EVDOXE

EVDOXE

TRAGI-COMEDIE.

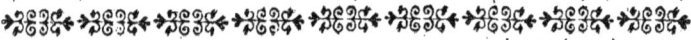

ACTE PREMIER.

OLIMBRE, VRSACE, OLICHARSIS,
EVDOXE, L'IMPERATRICE, GEN-
SERIC, ASPAR.

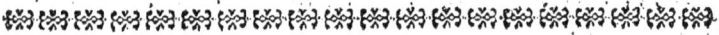

SCENE PREMIERE.

OLIMBRE, VRSACE, OLICHARSIS.

OLIMBRE.

Nfin vous le voyez, ce Palais glorieux,
Où l'on retient l'objet qui plaift tant à
vos yeux :   (perience,
Mais gardez de fçauoir par voftre ex-
Qu'on perd vn grand deffein par trop d'impatience :
Vrface en m'attendant fufpendez vos douleurs ;
Faites qu'Olicharfis apprenne vos mal-heurs ;

A

EVDOXE,

Qu'il en sçache le cours, qu'il en sçache les causes;
Et i'iray cependant sçauoir l'estat des choses:
Nous voicy dans Cartage, où tendoient vos desirs;
Nous voicy dans Cartage, où sont tous mes plai-
    sirs;
Et bientost nous verrons auec vn peu d'adresse,
La belle Imperatrice, & ma belle Maistresse.
Demeurez inconnu, puis qu'il vous est aisé,
Si vous n'vsez point mal d'vn habit desguisé;
Ne precipitons rien, moderez vostre enuie,
Et pour l'amour d'Eudoxe, allongez vostre vie:
Sauuez-vous pour sauuer cét Astre des beautez,
Et conquestez vn bien que vous seul meritez:
Si grande est sa vertu, la vostre n'est pas moindre:
Rendez-vous sur le port, où i'iray vous reioindre.
Vous, ne descouurez pas que nous soyons venus
Pour agir d'autant mieux, n'estans point recon-
    nus:
Mais esloignez vos pas, ainsi que vos tristesses,
De cét appartement, où sont les trois Princesses:
Enfin vostre desir a satisfaict vos yeux.

VRSACE.

Laissez-moy dans ce lieu que ie prefere aux Cieux:
Allez, mon cher Olimbre, où l'amour vous appelle,
Soyez autant heureux, que vous estes fidele,
Et si le sort destruit mon dessein hazardeux,
Souffrez enfin ma mort, & viuez pour nous deux.

OLICHARSIS.

J'aborde comme vous aux riues Affricaines,
Quinze ans m'ont retenu dans des terres lointaines,
Où le desir d'apprendre auoit porté mes pas,
Et ie pleins vos mal-heurs, mais ie ne les sçay pas.
Puis que par mon bon-heur, ma foy vous est connuë,
De grace, monstrez-moy vostre ame toute nuë;
Que ie sçache vos maux, pour vous en soulager;
Ie voudrois vous seruir, veüillez donc m'obliger;
Vn bien-heureux Destin a fait nostre rencontre;
Ie vous montre mon cœur, que le vostre se montre;
Au poinct où vos vertus ont sceu me le rauir,
J'affronterois l'Affrique, afin de vous seruir;
Et dans les grands perils, rencontrant des amorces,
Ie perdrois Genseric au milieu de ses forces.

VRSACE.

Cher & fidele Amy, ie n'ay pas le pouuoir
De cacher à vos yeux l'objet qu'ils veulent voir:
Ie descouure vn secret d'vne importance extréme,
Mais en vous le disant, c'est le dire à moy-mesme:
Et ce seroit pecher, voyant vostre pitié,
Contre le iugement, & contre l'amitié,
Si ie ne vous contois la suite d'vne histoire,
Difficile à souffrir, & difficile à croire:
Escoutez donc enfin les effects differens
De l'Amour & du Sort, deux superbes Tyrans.

Rome a veu ma naiſſance, & par mes deſtinées,
Conſtantinople a veu mes premieres années,
Là ie ſuiuis mon Maiſtre, eſtant enfant d'honneur,
Diray-ie pour ma perte, ou bien pour mon bon-heur?
Olimbre aux meſmes lieux ſuiuit le meſme Maiſtre;
Le Ciel nous fit aimer en nous faiſant connoiſtre;
Noſtre ſaincte amitié commença lors vn cours,
Qui ne ſçauroit finir qu'en la fin de nos iours;
Et dans les meſmes lieux, la ſupréme puiſſance,
(O courtois Affricain) fit noſtre connoiſſance:
L'Empereur Theodoſe, accablé de langueur,
Et pouſſé d'vn deſir qu'il cachoit en ſon cœur,
Obtient d'Honorius, dans le mal qui le preſſe,
Que Valentinian face vn voyage en Grece:
L'Empereur d'Occident, afin de l'obliger,
Conſent à ce depart, conſent à s'affliger;
Et dans le port d'Oſtie, auec beaucoup de peine,
Il quitte ſon Neueu ſur la mer incertaine,
Où le vent fauorable, & qui le fut touſiours,
Nous mit dãs le Boſphore en moins de quinze iours.
Ie ne vous diray point auec quelle allegreſſe
Ce Prince fut receu dès peuples de la Grece,
Ny comme l'Empereur qui s'en alloit finir,
A noſtre heureux abord, ſembla ſe rajeunir;
Vous ne l'ignorez pas; & ma ſeule infortune,
Dont le triſte recit n'a rien qui n'importune,
Ne me fournit que trop; & dequoy diſcourir,
Et dequoy n'eſtre plus; ſi ie pouuois mourir:

Mais ie croy que le fort dans ma peine eternelle
Me fit naiftre immortel, afin qu'elle fuft telle;
Car mon ame autrement auroit rompu fes fers,
Pour s'exepter pluftoft des maux qu'elle a fouffers,

OLICHARSIS.

Pourfuiuez.

VRSACE.

   C'eft icy qu'il faut que ie retrace,
Dedans mon fouuenir, mon heur & ma difgrace,
Et que par vn mélange, & de bien & de mal,
Ie monftre les effets de mon Aftre inégal:
Il m'éleua trop haut, pour n'auoir rien à craindre;
Il m'a trop abaiffé, pour fouffrir fans me pleindre;
Il me fit plus heureux que les Roys ne le font,
Et me fait plus fouffrir que les damnez ne font:
Enfin ie vis Eudoxe, & contre l'apparence,
Quoy qu'vn Sceptre entre nous mift de la difference,
Que fon rang, & le mien, n'euffent aucun rapport,
Il fallut obeir aux volontez du fort,
I'oppofé là raifon à fa force infinie;
Ie tafché d'empefcher fa fiere tyrannie;
Ie combattis long-temps ce fuperbe vainqueur;
Mais il fe fallut rendre, & perdre enfin fon cœur.

OLICHARSIS.

Quoy, vous aimaftes donc Eudoxe?

A ij

EVDOXE,

VRSACE.

Ie l'aduouë,
Et soit que vostre esprit, ou me blâme, ou me louë;
Qu'il approuue ou condamne vn estrange discours;
Ie l'aimé, ie l'adore, & le feray tousiours.
Mais de quelques ardeurs que i eusse l'ame atteinte,
Le respect imposa le silence à ma pleinte;
Ie brusé sans parler, dans mes feux innocens;
Et ie perdis mon cœur, mais non pas le bon sens.

OLICHARSIS.

Qui luy descouurit donc vostre secrette flame?

VRSACE.

Ha! ce furent mes yeux qui trahirent mon ame:
Les sentimens du cœur s'y peignirent trop bien;
La Princesse les vid, & ie n'en sçauois rien.
O le diuin objet qui s'offre à ma memoire!
Ce temeraire cœur se vid comblé de gloire;
Il descouurit les pleurs dont i auois l'œil noyé;
Mais quoy, cét Ixion ne fut pas foudroyé:
Car plus heureux que sage, en sa haute aduanture,
Cét objet adoré de toute la Nature,
Cette Princesse Illustre en ses rares vertus,
Fit voir quelque pitié des coups qu'il auoit eus,
Et par certains regards obligeans, mais modestes,
I apris qu'elle souffroit ses flames manifestes,

Et que ce temeraire, en sa presomption
Ne seroit point puny par son aduersion.

OLICHARSIS.

Enfin elle aima donc?

VRSACE.

Pour mon ame enflamée,
Elle fit bien assez, en souffrant d'estre aimée;
Elle fit bien assez, quand il me fut permis
De parler de l'estat où ses yeux m'auoient mis;
Et de luy faire voir, sans meriter sa haine,
Mon amour, mes respects, mes deuoirs, & ma peine.
Mais admirez icy les caprices du sort!
Cette Princesse aimable, & que i'aimois si fort,
Ne fit aucun progrez dans l'esprit de mon Maistre,
Vne autre passion en son cœur se vid naistre;
I'aimé trop'hautement, & son cœur raualé,
D'vn feu moins esclatant voulut estre bruslé:
Car enfin, il estime, il cherit, il adore
Vne fille au Palais, qui s'appelle Isidore;
Qui seruoit la Princesse, & qui pour la beauté
Ne luy cedoit pas moins que pour la qualité.

OLICHARSIS.

Sans doute cét amour ne nuisit pas au vostre.

VRSACE.

Ie tiray du profit de la faute d'vn autre:

La Princesse parut sensible au dernier points
Comme il ne l'aimoit pas, elle ne l'aima point:
Et comme ie l'aimois par vn bon-heur insigne,
Elle eut vn peu d'amour pour vn objet indigne.
O momens glorieux, entretiens rauissans,
Secrets tesmoins d'amour, qui charmiez tous mes
    sens!
O douceurs iusqu'alors aux mortels inconnuës,
Helas! respondez-moy, qu'estes-vous deuenuës?
Voicy le poinct fatal qui causa ma fureur:
Le Prince estant Neueu de ce grand Empereur,
Il luy promet sa fille, afin qu'en vn seul homme,
Et l'Empire de Grece, & l'Empire de Rome,
Puissent n'auoir enfin qu'vn Maistre quelque iour:
Icy l'Ambition l'emporte sur l'Amour,
L'vn mesprise Isidore, & l'autre m'abandonne,
Tous deux rompent leurs fers, pour prendre vne
    Couronne,
Et sans auoir d'amour que pour la vanité,
Du faiste du bon-heur ie suis precipité.

OLICHARSIS.

Mais que luy dites-vous en cette conjoncture?

VRSACE.

Aprés auoir souffert en secret la torture,
Aprés que le respect, le despit, la douleur,
Le souuenir du bien, & l'objet du mal-heur,
                              Eurent

Eurent bien combattu dans mon ame offensée,
Enfin le desespoir exprima ma pensée.
Quoy (luy dis-ie) Madame, ainsi vous me quitez,
Et vous m'allez punir de mes temeritez?
Mais bien que ie reçoiue vne sensible iniure,
Non, non, ne craignez pas le tiltre de parjure;
Ie lis dedans vos yeux la peur que vous auez,
Ie n'en parleray point, puisque vous le sçauez,
Et dans quelque douleur que mon ame s'abysme,
Ie diray qu'elle est iuste, en punissant mon crime;
Que ma presomption merite vn chastiment;
Elle fut infinie, & tel est mon tourment:
Ie souffre des douleurs que ie ne sçaurois dire;
Mille bourreaux secrets commencent mon martyre,
Mon cœur est deschiré, la tristesse & l'horreur,
Le desespoir, la mort, la rage, & la fureur,
Tout cela m'enuironne, & tout cela s'approche;
Mais ie les receuray sans vous faire vn reproche,
Tousiours, tousiours l'amour gardera son pouuoir,
Et me tiendra tousiours aux termes du deuoir.
Ie ne vous diray point, qu'en bruslant de ses flames,
L'amour malgré le sort peut esgaler les ames,
Et que s'il agit bien sur deux esprits troublez,
Le sceptre & la houlette en seront assemblez.
Ie ne vous diray point, que suiuant la Nature,
Ceux qui veulent aymer la vertu toute pure,
Ne considerent pas, apres ce rare objet,
Si celuy qui la monstre, est Monarque, ou suiet.

Ie ne vous diray point que voſtre ame royalle
N'a iamais condamné ma flame ſans eſgale,
Quelle approuua mes feux, mes fers & mes liens;
Et qu'en les approuuant, elle monſtra les ſiens.
Ie ne vous diray point, ô gloire des Princeſſes,
Que par mille ſermens, & par mille promeſſes,
Cette bouche adorable a ſouuent proteſté
D'eſgaller ſa conſtance à ma fidelité.
Non, ie n'en diray rien; & ie ne parle encore,
Que pour iurer encor à celle que i'adore,
Que malgré ſon meſpris, & ſon prompt changement;
Que malgré ma colere, & mon reſſentiment;
Ie regarde venir ce fatal Hymenée,
Ie regarde venir ma derniere iournée,
Sans perdre le reſpeſt que ie dois à ſon rang,
Et que ie vay ſigner ce diſcours de mon ſang.

OLICHARSIS.

Et que reſpondit-elle à ces mots pleins de charmes?

VRSACE.

Son bel œil le premier reſpondit par des larmes;
Mille profonds ſoupirs, qui ſortoient à la fois,
Empeſcherent long-temps l'vſage de ſa voix;
Mais enfin, s'efforçant contre la violence
Des ſanglots redoublez qui cauſoient ſon ſilence,
Elle me proteſta, que ſes feux innocens
N'auoient iamais eſté plus vifs, ny plus puiſſans,

Et que fa flame außi n'eſtant point criminelle,
Elle me promettoit de la rendre eternelle;
Et que ſans offencer l'honneur de ſon eſpoux,
L'amour & la vertu regneroient entre nous.
Elle me coniura de prendre connoiſſance
De ce qu'elle deuoit à ſa haute naiſſance;
Et de conſiderer que les filles des Rois
Ne pouuoient conſeruer la liberté du choix.
Que la raiſon d'eſtat qui croit tout legitime,
Fait ſouuent d'vne Reine vne pauure victime,
Et conduit au ſupplice vn eſprit amoureux,
Que le Throſne eſclatant ne ſçauroit rêdre heureux,
Mais qu'il faut obeïr à cette loy fatale:
Qu'au reſte, ſon amour qui n'eut iamais d'eſgale,
Auroit la meſme force, & la meſme douceur,
Changeant le nom d'Amate au chaſte nom de ſœur:
Que i'eſtois aſſeuré, qu'vne flame infidelle,
En cette occaſion, ne diſpoſoit point d'elle;
Que le deuoir tout ſeul me la venoit rauir;
Et qu'enfin ie veſcuſſe afin de la ſeruir.

OLICHARSIS.

Quels furent vos penſers, alors pour la Princeſſe?

VRSACE.

Malgré ma paßion, ie connus ſa ſageſſe;
Et lors que la raiſon eut aſſez combattu,
Ie me iette à ſes pieds, adorant ſa vertu:

Doux & puiffant efprit (luy dif-ie auec des larmes)
Puifque vous le voulez, mon amour rend les armes;
Mais fi vous conferuez pour moy quelque pitié,
Ioignez en ma faueur, l'amour, & l'amitié;
Ie ne demande point de plus parfaite ioye,
Si vous pouuez fouffrir, que i'aime, & que ie voye.
L'vn & l'autre (dit-elle) eft iufte en vos mal-heurs,
Lors elle me quitta; voulant cacher fes pleurs.

OLICHARSIS.

O merueilleux amour! ô vertus adorables!
Amants, que la fageffe a fais incomparables!

VRSACE.

Ainfi ce grand Hymen s'acheue en peu de iours:
Mais pour n'allonger pas vn fi trifte difcours,
Vous fçauez, cher amy, fans que ie vous le die,
Qu'ils eurent en neuf ans, Eudoxe & Placidie;
Et qu'Olimbre amoureux de ce foleil naiffant,
Fit naiftre en fon berceau, fon amour innocent,
Ie dis pour Placidie, & fon ame enflamée
L'aima dés fa naiffance, & l'a toufiours aymée;
Et par vn fort efgal à fa fidelité,
Il engagea fi bien cette ieune beauté,
Que la fuitte des ans en augmentant fon âge,
N'a fait que l'obliger à l'aimer dauantage,
Mais en ce mefme temps, vn funefte accident
Rauit Honorius, Empereur d'Occident;

Mon maiſtre prend la route où ſon deſir aſpire,
Afin d'aller à Rome eſtablir ſon Empire;
Là ſa femme le ſuit, & nous le ſuiuons tous:
Et le vent fauorable, & la mer ſans courroux
Nous met au bord du Tibre, où le plus grand des
    Princes,
Reçoit les complimens de toutes ſes Prouinces,
Et va reuoir apres le ſceptre dans la main,
La maiſtreſſe du monde & du Peuple Romain.
Lors Valentinian s'engage dans vn crime;
Car il donne Iſidore au Senateur Maxime,
Et ſe laiſſant conduire au conſeil des valets;
Il trompe cette Dame, & la force au Palais.
Elle dans la douleur, dont ſon ame eſt atteinte,
Le dit à ſon eſpoux, & meurt apres ſa plainte.
Luy, conſerue en ſon cœur, auſſi triſte que fin;
Vn deſir de vangeance, & l'execute enfin.
Il corrompt par preſens les gardes de ſon Maiſtre,
Le fait aſſaſſiner, & ce barbare traiſtre,
S'empare de l'Empire, & ſon vœu s'accomplit,
Il prend de l'Empereur, & le Throſne, & le lit:
Et l'amour qui ſe meſle à ſa rage obſtinée;
Force l'Imperatrice à ce triſte Hymenée.
Helas! i'eſtois abſent en ce iour pleind'effroy;
Noſtre fidele Olimbre eſtoit auecques moy;
L'Imperatrice en vain nous appelle à ſon aide;
Nous arriuons trop tard, la choſe eſt ſans remede;
Mais ce mary brutal, ce laſche vſurpateur;

Luy parlant d'vne mort dont il estoit l'autheur,
Dans la stupidité qui regne en sa pensée,
Descouure ce secret à sa femme offencée.
Vn desir de vangeance alors la posseda;
De venir en Affrique elle me commanda,
I'oblige Genseric par l'objet de ses larmes,
De voir nostre Italie, & d'y porter ses armes.
Il s'embarque, il arriue, il prend Rome à l'instant;
Maxime luy resiste, & meurt en combattant;
Et ce Prince Vandale, enfin par sa puissance,
Voit la Reine du monde en son obeissance.
Olimbre fut aimé de ce puissant vainqueur,
Et Thrasimond son fils abandonna son cœur
A la Princesse Eudoxe; ô souuenance amere!
Genseric fut touché des charmes de la Mere;
Au poinct où i'esperois estre le plus heureux,
Ce Prince pour me perdre en deuint amoureux.
Il soupire, on le fuit, mais enfin il s'explique:
Et reprenant dans peu la route de l'Affrique,
Force l'Imperatrice (insensible qu'il est)
A suiure toute en pleurs le chemin qui luy plaist.
Moy qui me vois rauir la seule chose aimée,
I'assemble mes amis, i'attaque son armée;
Mais le nombre plus fort accable la vertu,
Et tout percé de coups, ie me vois abattu.
Ce Vandale passe outre, orgueilleux de sa proye,
Et faict voile aussi tost auec toute ma ioye.
Lors dans vn desespoir qui n'a point de pareil,

Ie veux mourir, Olimbre oppofe fon confeil,
Qui me force de viure au milieu de mes peines;
Nous fuiuons Genferic aux riues Affricaines,
Et deffous cét habit qui me rend inconnu,
Pour vaincre ou pour mourir ie fuis icy venu,
Refolu de fauuer ces trois grandes Princeffes,
Ou de voir en ma fin celle de mes trifteffes.
Et pour eftre à Carthage vn peu plus feurement,
Vn des miens en ces lieux a fait adroitement,
Que le bruit de ma mort paffe pour veritable,
Et que chacun icy la croit indubitable.
L'Imperatrice mefme à l'Efprit abufé
Du bruit faux & trompeur d'vn trefpas fuppofé,
I'ay par ce mefme bruit fa conftance efprouuée,
Et perfonne que vous ne fçait mon arriuée.
Voyla, mon cher amy, la gloire & le tourment
Du plus infortuné qui fut iamais amant;
Mais ie retourne au port :

OLICHARSIS

                    Moy, fi la longue abfence
Aupres de Genferic n'a deftruit ma puiffance,
I'adouciray peut-eftre vn fi cuifant foucy.
I'entens venir quelqu'vn, efloignons-nous d'icy.

✦✦✦✦✦✦✦✦✦✦✦✦✦✦✦✦✦✦✦

SCENE II

EVDOXE.

STANCES.

T bien, raison Imperieuse,
Ie vay ceder, & t'obeir:
Ie veux aimer, il faut hair,
Suiuant ta force inuurieuse,
Trahir son cœur, suiure ta loy,
Et se rendre iniuste aprés toy.

Parle, parle donc à mon ame,
Seuere & fascheuse raison;
Dis-luy qu'on nous tient en prison,
Exagere, condamne, blasme,
Peinds affreux ce qu'on void charmant,
Et fais vn monstre d'vn Amant:

Pere cruel, Fils pitoyable,
Prince inhumain, Amant discret,
Helas, qu'en ce tourment secret,
Ma douleur se rend effroyable:

Et

Et combien i'ay peu de pouuoir,
Entre l'Amour & le deuoir!

O Ciel, que ma peine est extréme,
En ce dessein mal affermy!
Genseric est nostre ennemy;
Il est vray, mais son fils nous aime;
Et pourquoy voulons-nous blasmer,
Celuy qui n'a rien fait qu'aimer?

Quoy donc, la perte d'vn Empire,
Et celle de la liberté,
Plus chere que n'est la clarté,
Souffriront-elles qu'on soupire?
Si ce n'est pour mieux detester
La main qui nous les vient oster.

Mais n'auons-nous pas connoissance,
En ce fatal & triste iour,
De l'extréme force d'amour,
Quand il est ioinct à l'innocence;
Malgré le crime paternel,
Thrasimond n'est point criminel.

Quoy, peux-tu balancer encore,
A quoy sert de dissimuler?
N'as-tu pas permis de parler
Au parfait Amant qui t'adore?

C

Veux-tu choquer ton bien naiſſant,
Si l'Imperatrice y conſent?

Enfin, Eudoxe infortunée,
Il faut te reſoudre à ce choix:
Et bien Amour, ie ſuy tes loix;
Raiſon te voila condamnée,
Souuiens-toy, ſi mon cœur a tort,
Qu'il ſuit le party du plus fort.

Souuiens-toy.... mais ſilence, icy l'Imperatrice
Va prononcer l'arreſt, qu'il faut que ie ſubiſſe:
O Ciel, ſi ta pitié daigne eſcouter mes vœux,
Fais pancher ſon eſprit du coſté que ie veux!

❧❧❧❧❧❧❧❧❧❧❧❧❧❧❧❧❧❧❧❧❧❧

SCENE III.

L'IMPERATRICE, EVDOXE.

L'IMPERATRICE.

Vdoxe, eſcoutez bien tout ce que ie vay dire:
Vous ſçauez que le ſort nous a rauy l'Em-
pire;
Que nous auons perdu iuſqu'à la liberté,
Et que meſme l'eſpoir ne nous eſt pas reſté,

Que l'Empereur est mort, qu'Vrsace l'est de mesme,
Et pour dernier mal-heur, qu'vn Roy barbare m'ai-
  me;
Qu'il nous tient en prison en ce bord estranger,
Et reduit mon honneur à l'extreme danger;
Car à quelque douleur que ie sois condamnée,
Ie ne puis consentir à ce triste hymenée;
Et ie ne cele point, qu'Vrsace auoit ma foy,
Et qu'il l'aura tousiours au sepulchre auec soy.
Ainsi ie preuoy bien, s'il faut que ie m'oppose,
Que celuy qui peut tout, osera toute chose;
Et que pour esuiter son insolent effort,
Il faudra me sauuer dans les bras de la mort.
Considerez, ma fille, en cét estat funeste,
Ce que nous pouuons faire, & quel espoir nous reste:
Vous seule enfin pouuez empescher mon trespas.

EVDOXE.

Hé! Madame, comment?

L'IMPERATRICE.

Ne m'interrompez pas.
La fortune change ante & peut estre lassée,
Semble se contenter de ma peine passée;
Elle nous offre vn port, elle nous y semond;
Elle vous donne enfin le cœur de Trasimond;
Ce Prince genereux, vient de m'ouurir son ame;
Il vient de me monstrer son respect & sa flame;

C ij

EVDOXE.

Vous seule estes l'objet de ses chastes desirs,
Et vous seule causez sa peine & ses plaisirs;
Eudoxe, partagez mon dessein & ma ioye,
Seruons-nous du bon-heur que le ciel nous enuoye;
Secondez mes souhaits, acceptez cét Espoux;
Il est sage, il est Prince, il est digne de vous;
Et nous opposerons (ainsi que ie l'espere)
La prudence du fils, à la fureur du pere;
Et par là nous pourrons esuiter sa rigueur.

EVDOXE.

Madame, c'est à vous à gouuerner mon cœur,
Et vous pouuez agir de puissance absoluë;
Puisque vous le voulez, m'y voila resoluë.

L'IMPERATRICE.

Ie n'attendois pas moins d'vn esprit si bien nay:
Puißiez-vous posseder plus d'heur que ie n'en ay,
Pour vous recompenser de cette obeïssance.

EVDOXE.

Ha! Madame, on doit tout, quand on doit la naissance.

L'IMPERATRICE.

Ce Prince genereux peut nous seruir iċy,
Si son pere entreprend....

EVDOXE.

Madame le voicy.

SCENE IV.

GENSERIC, ASPAR, OLICHARSIS.

GENSERIC.

ENfin, Olicharsis, ce discours m'importune:
Il choque mon amour, & ma bonne fortune;
Il destruit mes plaisirs, non, ie n'en feray rien.

ASPAR.

Ainsi doiuent agir les grands Roys, pour leur bien.

OLICHARSIS.

Ha! Seigneur rappellez dedans vostre memoire,
Ce qu'on doit à l'honneur, ce qu'on doit à la gloire;
Le nom de Genseric a volé iusqu'aux Cieux,
Ne vueillez point destruire vn bruit si precieux;
Et par vne action digne d'estre blasmée,
Imprimer vne tache à vostre renommée:
Fuyez, fuyez l'Amour, qui veut vous suborner,
Et le mauuais conseil qu'on tasche à vous donner.

C iij

GENSERIC.

Cruel Olicharsis, que veux tu que ie face?
Vn puissant ennemy me suit de place en place;
Qui force les mortels à receuoir ses loix;
Qui commande par tout, qui regne sur les Roys;
Qui tout imperieux, se soumet les plus braues;
Qui n'a point de sujets, qui n'a que des esclaues;
Et qui change pour moy, par mille maux souffers,
Ma couronne en son ioug, & mon sceptre en ses fers.
Rien pour ce fier tyran ne se trouue impossible;
Vn Throsne est esleué, mais non inaccessible;
Il y blesse vn Monarque au milieu de sa cour;
Et comme moy, tout cede au pouuoir de l'Amour.
Mon ame, Olicharsis, s'est assez deffenduë;
Elle n'en pouuoit plus, quand elle s'est renduë;
I'ay fait armes de tout en cette extremité,
Pour sauuer mon repos auec ma liberté:
Mais inutilement, contre sa tyrannie:
I'opposois ma raison, ce Tyran l'a bannie;
I'opposois mon deuoir, il ne m'escoutoit pas;
I'opposois mon honneur, il m'offroit des appas;
Et par mille beautez ayant seduit mon ame,
Malgré ma resistance, il y porta la flame;
Ie pris Rome, il me prit, & possedant mon cœur,
Il me fit voir captif, lors que i'estois vainqueur.
Ne m'accuse donc plus, mais apprends à te taire:
Si ie fais vne erreur, est-elle volontaire?

C'eſt moy qui me dois plaindre, aymant vne beauté,
Qui n'a pour mon amour, que de la cruauté,
Du meſpris, de l'orgueil, & de qui l'ame altiere,
Ne conſidere point qu'elle eſt ma priſonniere,
Et qu'vn cœur qui peut tout, & qu'vn cœur irrité,
Peut enfin ſe porter à toute extremité.

ASPAR.

Vous auez bien connu par voſtre experience,
Que ſon orgueil prouient de voſtre patience.
Vous auez trop ſouffert, ſon meſpris inſolent;
Et le feu de l'amour n'a paru que trop lent:
Qu'vn ſujet amoureux, ſouffre cette contrainte;
Qu'il adore en tremblant, qu'il n'agiſſe qu'en crainte;
Mais il faut qu'vn Monarque en receuant la loy
D'vn œil imperieux, face l'amour en Roy.

OLICHARSIS.

Mais il faut qu'vn Monarque, en l'eſtat où nous
    ſommes,
Soit plus ſage en effet que le commun des hommes;
Qu'il regne ſur ſoy-meſme, en regnant ſur autruy;
Et qu'il prenne la loy, qu'on doit prendre de luy.

GENSERIC.

Mais il faut donc qu'vn Roy ſe reſolue à ſa perte,
Mais il faut donc tenir ma ſepulture ouuerte;

Mais il faut donc mourir, car enfin mon trespas
Despend d'aymer encor, & ne posseder pas.

ASPAR.

Et qui peut s'opposer à cette joüissance?

OLICHARSIS.

Et son aduersion, & sa haute naissance :
Car enfin tout esprit est nay libre, est nay franc,
Et l'on ne force point les femmes de son rang.

GENSERIC.

Mais doit-on mespriser le vainqueur d'vn Empire?
Mais doit-on mespriser vn Amant qui souspire?

ASPAR.

Ouy Seigneur on le doit, quand sa facilité,
Souffre qu'on le mesprise, auec impunité :
Celuy ne connoist pas les droits d'vne Couronne,
Qui n'vse absolument du pouuoir qu'elle donne.

OLICHARSIS.

O le mauuais conseil!

ASPAR.

Vtile,

OLICHARSIS.

Vicieux,

ASPAR.

ASPAR.

Plaifant,

OLICHARSIS.

Mais deshonneſte, ẽ deſplaiſant aux Dieux:
Ha! ſeigneur, eſuitez cét affreux precipice;

ASPAR.

A qui peut tout oſer toute choſe eſt propice.

OLICHARSIS.

Il vous perd.

ASPAR.

Ie vous ſauue.

OLICHARSIS.

Il vous nuit.

ASPAR.

Ie vous ſers.

GENSERIC.

Que doit faire vn eſclaue accablé de ſes fers?
A quoy ſe doit reſoudre vne ame infortunée?
Mais qui tient en ſes mains ſa bonne deſtinée.
Qui peut faire ſon ſort, heureux, ou mal-heureux:
Ha! qui peut conſulter n'eſt pas bien amoureux!

D

Courons , courons au bien que l'amour nous presente;
Si la chose n'est iuste , au moins elle est plaisante;
Nous auons trop langui , nous auons trop souffert,
Le respect nous destruit , la constance nous perd:
Il faut , il faut oser , il faut tout entreprendre,
Et forcer l'ennemy qui ne se veut pas rendre:
Allons donc le sommer pour la dernière fois;
Et luy faire esprouuer ce que peuuent les Roys.

Fin du premier Acte.

ACTE II.

VRSACE, OLICHARSIS, OLIMBRE,
L'IMPERATRICE, PLACIDIE,
EVDOXE, GENSERIC, ASPAR,
THRASIMOND.

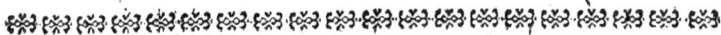

SCENE PREMIERE.

VRSACE, OLICHARSIS, OLIMBRE.

VRSACE.

I L pretend (dites-vous) forcer l'Imperatrice?

OLICHARSIS.

Il n'est point de conseil dont son cœur ne s'aigrisse:
Il prend vn bon áduis, pour vne trahison,
Et ne peut écouter la voix de la raison.
Par celle d'vn meschant, son ame est obsédée;
Et son ame s'égare, estant si mal guidée.

D ij

Aſpar, le traiſtre Aſpar, qui peut tout aujourd'huy,
Luy fait prendre vn deſſein laſche & digne de luy:
Ie vous en aduertis, cher Vrſace, & ie tremble,
Que quelqu'vn en ce lieu ne nous ſurprenne enſem-
    ble,
Elle ſeroit perduë, & nous ſerions perdus:
Separons-nous pluſtoſt, de peur d'eſtre entendus.
Ie retourne au Palais;

OLIMBRE.

Allez, Amy fidelle,

OLICHARSIS.

I'obſerueray ce Prince, & ie prendray ſoin d'elle:

VRSACE.

O le plus mal-heureux qui reſpire le iour,
Objet de la colere, & du ſort, & d'amour!
Toy qui te vois en butte aux traits de leur enuye;
Vrſace infortuné, pers, pers enfin la vie;
Contente la rigueur de l'Amour & du ſort;
Et finis tant de morts, par vne ſeule mort.
Au milieu des mal-heurs que le deſtin t'enuoye,
Tu peux te conſoler par vne triſte ioye,
Puis que tu ſçais qu'Eudoxe à long-temps reſiſté,
Et qu'elle ne ſe rend qu'à la neceſsité;
Qu'elle combat encòr contre vne ame ſi noire;
Vrſace, c'eſt aſſez, c'eſt meſme trop de gloire;

Entre dans le tombeau, fais qu'elle puisse enfin,
Quand tu ne seras plus, obeir au destin;
Il est Iuste, il est iuste, autant qu'elle est fidelle;
Tu ne meritois pas l'honneur d'estre aymé d'elle.
Tu fus trop temeraire, & l'orgueil te perdit,
Qu'vn Roy l'emporte donc:mais lasche qu'as-tu dit?
Celle dont la vertu n'aura point de seconde,
Celle qui commandoit à la moitié du monde,
Qui tenoit en ses mains l'Empire d'Occident,
Souffrira donc enfin vn si triste accident?
Et tu pourras souffrir qu'vn Vandale, vn Barbare
Emporte insolemment vne beauté si rare?
Tu mourras sans le perdre, & sans la secourir?
Ha! lasche, meurs plustost, d'auoir voulu mourir.
Entens, entens la voix de la triste Princesse,
Qui se mesle à ses pleurs, qui t'appelle sans cesse,
Qui signale en ce lieu son amour & sa foy,
Et qui semble te dire, Vrsace, sauue moy.
Pardonne, chere Eudoxe, au dessein qui te fasche:
Ce cœur est affligé, mais ce cœur n'est point lasche.
Il a voulu mourir, te voyant enleuer,
Il veut viure & mourir, afin de te sauuer.
Allons, allons, Olimbre, où la fureur m'emporte;
Il n'est point de Palais, ny de garde assez forte,
Pour retenir vn cœur qu'on ne peut surmonter.
Le Throsne a des degrez par où l'on peut monter:
C'est en vain qu'vn tyran y veut cacher son crime;
Qui ne vit point en Roy, n'est pas Roy legitime;

D iij

HICEMDOXEA

Et qui ne sauue point sa Reine d'vn mal-heur,
Est perfide sujet, ou soldat sans valeur.
A la mort, à la mort, ou plustost à la gloire;
La fortune auiourd'huy ne tient point la victoire;
Elle despend de nous, elle est en cette main;
Elle s'en va punir ce Monarque inhumain;
Rien ne peut s'opposer à ma iuste vangeance:
Mais vn si haut dessein veut de la diligence;
Ne perdons point de temps, & motrons auiourd'huy,
Qu'en méprisant sa vie, on tient celle d'autruy.

OLIMBRE.

Ie suis prest de mourir, & pour vostre seruice,
Et pour ma Placidie, & pour l'Imperatrice:
Vrsace, aucun peril ne peut m'espouuenter,
Et ie n'en connois point que ie n'ose tenter.
Mais quoy, nostre esperance est sans doute destruite;
Si la force en ce iour agit sans la conduite;
Au milieu de sa Cour, assassiner vn Roy,
C'est se perdre sans fruit, & tout perdre auec soy,
Attendons, il s'agit d'vne affaire trop grande.

VRSACE.

Helas, trop sage Amy, que veux-tu que i'attende?
Qu'vn barbare insolent me rauisse mon bien;
Qu'il m'enleue vn thresor, qu'il ne me laisse rien?
Et que ie sois venu sur les riues d'Affrique,
Pour rendre ma disgrace, ou ma honte publique?

Qu'Vrſace n'ait veſcu ſans ioye & ſans bon-heur,
Que pour mourir apres ſans gloire, & ſans honneur?
Qu'il ſoit ſans ſentimét, ſans force, & ſans courage?
Qu'il ſoit ſans deſplaiſir, ſans colere, & ſans rage?
Ha! cela ne ſe peut, cela ne ſe doit pas;
Ce mal a quelque choſe au delà du treſpas;
Viure ainſi, n'eſt pas viure, ô funeſte memoire!
C'eſt mourir pour l'honneur, & ſuruiure à ſa gloire.

OLIMBRE.

Ne precipitons rien;

VRSACE.

Mais precipitons tout;
Pouſſons, pouſ ſõs pluſtoſt le mal-heur iuſqu'au bout;
La tempeſte finit, alors qu'elle eſt extréme;
Et l'on peut ſe ſauuer par le naufrage meſme.

OLIMBRE.

Attendez, attendez;

VRSACE.

Ha! i'ay trop attendu;

OLIMBRE.

Vous perdez......

VRSACE.

Quoy, ie pers, ne ſuis-ie pas perdu?

OLIMBRE.

Mais vous perdez encor par vostre impatience,
Mais vous perdez encor par vostre violence,
L'objet de vos desirs & des miens;

VRSACE.

Et pourquoy?

OLIMBRE.

Lors qu'vn peuple irrité verra meurtrir son Roy,
Croyez-vous qu'il pardōne à ces pauures Princesses
Qui seront le sujet de toutes ses tristesses?
Non, ne vous flatez point, ce peuple furieux
Viendra les esgorger, & peut-estre à vos yeux,
Lors en vain nous mettrons nostre force en vsage,
Et leur sang ialira iusqu'à vostre visage.

VRSACE.

Ha! cruel ie me rends, & tu m'as sçeu forcer;
Mon cœur ne peut souffrir vn si triste penser;
Il faut sauuer Eudoxe, & suiure ton enuie,
Puis que tu me fais veoir qu'il s'agit de sa vie.
Vous, desseins criminels, abandonnez mon cœur,
Cedez à Genseric, qui doit estre vainqueur;
Et vous, cœur affligé, mourant pour l'amour d'elle,
Soyez moins genereux, pour estre plus fidelle;

Preerez

Preferez l'intereſt d'vn objet ſi charmant;
Faites-la viure en Reine, & mourez en Amant;
Ouy,ouy,c'eſt pour vous ſeul que la tombe eſt ouuerte;
Gardez de l'engager dans voſtre triſte perte;
Mourez pluſtoſt cent fois, mais mourez inconnu;
Sans luy faire ſçauoir que vous ſoyez venu;
Ainſi le veut le ſort, dont la force eſt extréme,
Ainſi le voulons-nous, & l'Amour, & moy-meſme.

OLIMBRE.

A ſe deſeſperer, voſtre eſprit eſt trop prompt:
Allons chercher encor le Prince Thraſimond;
Vous ſçauez que l'amour luy fait ſentir ſa flame,
Et que la ieune Eudoxe a pouuoir ſur ſon ame;
Vous ſçauez que ce Prince a beaucoup de vertu;
Luy ſeul peut releuer voſtre eſprit abatu;
Luy ſeul peut s'oppoſer au deſſein de ſon pere;
Et nous rendre à la fin la fortune proſpere.

VRSACE.

Allons, mais ſouuiens-toy s'il arriue vn mal-heur,
Que ta voix ſeulement arreſta ma valeur.

OLIMBRE.

I'oy du bruit, paſſons viſte.

E

SCENE II.

L'IMPERATRICE, PLACIDIE, EVDOXE.

L'IMPERATRICE.

Ainsi quoy qu'il arriue,
Si le corps est captif, l'ame n'est point captiue;
Sa liberté natale est vn riche Thresor,
Que mesme dans les fers, elle conserue encor;
Et que tous les Tyrans, auec leur insolence,
N'ont iamais pû soumettre à tant de violence.
Ils peuuent renuerser des Empires entiers;
En arracher le sceptre aux iustes heritiers;
Sur la teste des Roys, par vn orgueil extréme,
Marcher en s'esleuant iusqu'à leur Throsne mesme:
Mais encor que leur vice en paroisse vainqueur,
Ils ne sçauroient forcer la liberté du cœur.
Cette place est trop forte, & de trop d'importance;
On ne la prend iamais que par intelligence;
Contre elle aucun effort n'a iamais reüßi,
Et quand elle est surprise, elle veut l'estre außi.
En vain de Genseric, la force, & la fortune,
Taschent de soustenir l'amour qui m'importune;

En vain sa cruauté me retient en prison;
En vain il m'interdit le fer & le poison;
En vain tant de mal-heurs secondent son enuie:
Ie sortiray de tout, en sortant de la vie.
Vous qui tenez le iour, & du ciel, & de moy;
Si ie le perds icy par la fureur d'vn Roy,
Apprenez, à combattre auec les destinées,
Et n'oubliez iamais ce que vous estes nées:
Tesmoignez au tyran qui regne en cette cour,
Qu'on vous mit dans la pourpre, en vous mettant
    au iour,
Et malgré la rigueur du ioug qui vous oppresse,
Que vous estes du sang des Empereurs de Grece:
Et qu'enfin vostre pere obtint du genre humain,
Et le nom de Cesar, & l'Empire Romain.

PLACIDIE.

Que vostre majesté, s'il luy plaist, se console;
Cette vertu sublime, apprise en son escole,
Ne permettra iamais à nos ieunes esprits
De la perdre de veuë, au sentier qu'elle a pris.

EVDOXE.

Ouy nous voulons l'aymer, ouy, nous la voulons
    suiure,
Et soit que vostre cœur veüille mourir ou viure,
Qu'il conserue la vie, ou qu'il coure au trespas,
Madame, asseurez vous que nous suiurons vos pas.

L'IMPERATRICE.

Ha! le voicy venir, cét importun Vandale.

✿✿✿✿✿✿✿✿✿✿✿✿✿✿✿✿✿✿✿✿✿✿✿

SCENE III.

GENSERIC, ASPAR, L'IMPERATRICE,
PLACIDIE, EVDOXE.

GENSERIC.

APrés vne amitié qui n'eut iamais d'esgale,
Apres auoir passé des mers pour vous van-
ger,
Et vaincu pour cela tout vn peuple estranger;
Auoir couru si loin de ma natale terre;
Armé tant de vaisseaux, & tant de gens de guerre;
Fait punir l'assassin de vostre cher espoux;
Seulement pour vous plaire, & pour l'amour de
vous:
Mais tout cela n'est rien, non ce n'est rien, Madame;
Mais aprés que l'amour vous a donné mon ame;
Aprés mille deuoirs rendus à vos beautez,
Les armer contre moy de mille cruautez,
Par elles chaque iour attenter à la vie
De celuy qui vous sert, & qui vous a seruie,

Ha! Madame, c'est trop ; & vostre iugement,
En cette occasion s'esgare asseurément:
De quels profonds respects ne vous ay-ie honorée?
N'estes-vous pas seruie, ou plustost adorée?
Ne commandez-vous pas en ces lieux plus que moy?
Ne fay-ie pas l'esclaue, encor que ie sois Roy?
Et moy qui fais trembler, & l'Europe, & l'Affrique,
N'ay-ie pas trop souffert, vostre humeur tyrannique,
N'ay-ie pas enduré sans oser murmurer,
Ce qu'vn simple sujet ne pourroit endurer?
Enfin tant de mespris & tant d'ingratitude,
Vn orgueil si constant, vn traitement si rude,
Vn esprit inflexible, vn cœur sans amitié,
Vn cœur qui ne connoit, ny raison, ny pitié,
Forcent ma patience, au milieu de mes larmes,
De se desespérer, & de prendre les armes.
Elle les prend Madame, & dans l'extremité,
Ou vous auez, reduit mon courage irrité,
Tout ce que ie puis faire en l'estat où nous sommes,
En presence du ciel, en presence des hommes,
C'est de vous protester pour la derniere fois,
Que si vostre rigueur, n'est sensible à ma voix;
Si vous ne vous portez à m'estre moins cruelle,
Si vous ne receuez, vne ardeur mutuelle,
Si vous ne receuez vn sceptre tant offert;
Ie vaincray par la force, vn orgueil qui me perd:
Madame songez-y, sans tarder d'auantage,
Car ie suis Genseric, & ie suis à Carthage.

L'IMPERATRICE.

Seigneur auec raison ce discours me surprend:
Ie ne l'attendois pas d'vn Monarque si grand:
Ie sçay qu'il est certain que vous m'auez seruie,
Et ie m'en souuiendray le reste de ma vie:
Mais tenant ce seruice, & si grand & si cher,
Il n'estoit pas besoin de me le reprocher.
Et moins encor seigneur estoit-il raisonnable,
De me faire vn discours qui n'est pas pardonnable,
Qui vous offence plus, qu'il ne peut m'offencer,
Puis qu'vn Prince bien nay, n'y peut iamais penser.
Ie ne le puis souffrir, ny m'imposer silence;
Non, ie ne puis souffrir ce mot de violence;
Il choque mon honneur, il fait tort à mon sang,
Et ne se doit point dire, à celles de mon rang.
Oubliez-vous seigneur, que cette infortunée
Deux fois Imperatrice, & deux fois couronnée,
A tenu si long-temps le sceptre dans sa main,
Compagne d'vn Cesar, d'vn Empereur Romain,
Et que ie suis enfin pour ne dire autre chose,
Fille d'Athenais, fille de Theodose?
Et qu'on a veu souuent, mon Pere, & mon espoux,
Paroistre sur le Throsne, & des Roys à genoux.
Ha seigneur, parlez mieux, & rentrez en vous
    mesme;
Les Princes peuuent perdre, & sceptre, & Dia-
    deme,

C'est vn renuerſement que l'on a veu cent fois,
Et qu'on peut voir encor: mais ils ſont touſiours Roys:
Ne vous ſuffit-il pas de me tenir captiue?
De me faire languir ſur vne eſtrange riue?
Et loin des bords du Tibre, où i'ay regné long-temps,
Empeſcher le ſecours de la mort que i'attends?
Voulez-vous m'offencer, voulez-vous qu'on vous
    blaſme.
Voulez-vous que les fers, opriment iuſqu'à l'ame:
Voulez-vous me contraindre à cherir auiourd'huy,
L'autheur de ma priſon, l'autheur de mon ennuy?
Qu'à d'iniuſtes deſirs, ie deuienne ſenſible?
Ha Seigneur c'eſt vouloir vne choſe impoſſible,
C'eſt ce qui ne peut eſtre, & croyez deſormais,
Que cette volonté ne me prendra iamais.
En l'eſtat où ie ſuis, en l'eſtat où vous eſtes,
Beaucoup accepteroient l'offre que vous me faites,
Beaucoup ayant prié, vous auroient entendu;
Afin de remonter ſur vn Throſne perdu:
Mais tant de maux ſouffers, m'ont bien oſté l'enuie,
Et du Throſne, & du ſceptre, & meſme de la vie,
Tout m'eſt indifferend, ou pour dire encor mieux,
Tout m'eſt inſupportable, & tout m'eſt odieux:
Il n'eſt grandeur Royalle, il n'eſt rang, ny puiſſan-
    ce,
Honneur, reſpect, deuoir, ſeruice, obeiſſance,
Amour, contentement, felicité, plaiſir,
Qui puiſſe me toucher de l'ombre d'vn deſir.

Vn chagrin eternel, par vne vapeur noire,
M'enueloppe les sens, l'esprit, & la memoire,
Et me rendant stupide aux objets les plus beaux,
Fait errer cét esprit, à l'entour des tombeaux.
C'est là qu'est tout mon bien, c'est là que ie veux estre,
Donc si dans vostre cœur, quelque pitié peut naistre,
Si les mal-heurs d'autruy, vous peuuent esmouoir,
Si i'ay quelque credit, si i'ay quelque pouuoir,
Si la raison encor ne vous est ennemie,
Permettez, que ie meure, au moins sans infamie,
Et qu'vn noble trespas arreste le dessein,
Qu'vne iniuste fureur, vous á mis dans le sein.
Ie vous coniure donc, par Rome surmontée,
Par ce haut rang de gloire, où la vostre est montée,
Par les fameux lauriers, qui vous ceignent le front,
Par ce bras genereux, si vaillant & si prompt,
Par le tiltre de Roy, par l'honneur, par vous mesme,
De poignarder ce cœur, sans vouloir qu'il vous ayme.

GENSERIC.

Comment, vous preferez la mort à mon amour!
Vous me haissez plus, que vous n'aymez le iour!
Et vostre œil qui s'obstine à sa rigueur premiere,
Pour perdre mon objet, veut perdre la lumiere:
Qui cause le mespris, que vous auez pour moy?
Sont-ce les qualitez, & d'Amant & de Roy?
Et dans les sentimens que vostre orgueil vous donne,
Est-ce trop peu pour vous, que porter la couronne?

Que faut-il estre, vn Dieu, pour pouuoir meriter?
D'aimer sans vous desplaire, & sans vous irriter?
Non, ce n'est point l'objet que ce cœur se propose:
Et son orgueil n'a pas vne si noble cause;
Son sentiment est bas, honteux, seruile, abjet;
Et mesprisant les Roys, il adore vn sujet:
Le souuenir d'Vrsace, occupe sa pensée;
C'est ce fantome heureux, qui vous rend insensée;
C'est luy qui me destruit, qui me fait rebuter,
Et qui sort du tombeau, pour me persecuter.
Ennemy de mon bien, obstacle de ma ioye,
Fantosme, prend vn corps, afin que ie te voye,
Ne sois plus inuisible, en me persecutant,
Viens icy, monstre-toy, ta maistresse t'attend.

L'IMPERATRICE.

Ny mon cœur n'est point bas, ny ma vertu douteuse,
On doit cacher sa flame, alors qu'elle est honteuse:
Mais lors qu'on est bruslé d'vn feu si pur, si beau,
D'vn feu qui se conserue, au milieu du tombeau;
L'ame la plus parfaite, & la plus estimée,
Peut dire hautement, qu'elle en est enflamée.
Ie ne le cele point, i'aime son souuenir:
La memoire d'Vrsace en moy ne peut finir;
Il eut tant de vertus, il les posseda telles,
Qu'il est iuste apres luy de les rendre immortelles;
I'en veux tousiours parler, c'est l'vnique moyen;

F

GENSERIC.

Mais ce n'estoit pourtant, qu'vn simple citoyen.

L'IMPERATRICE.

Non, mais ces citoyens ont conquesté la terre,
Et portant en tous lieux, la frayeur & la guerre,
On les a veus souuent, fauorisez de Mars,
Traisner des Roys captifs, attachez à leurs Chars.

GENSERIC.

Ha i'empescheray bien que ce mal-heur n'arriue!

L'IMPERATRICE.

Vne autre fois pourtant, Carthage fut captiue:

GENSERIC.

Mais le sort est changé, Rome l'est à son tour:

L'IMPERATRICE.

Et Rome peut encor, se reuoir Rome vn iour.

GENSERIC.

Quoy vous me menacez!

L'IMPERATRICE.

Ie repousse vn outrage,

GENSERIC.

I'ay beaucoup de pouuoir;

L'IMPERATRICE.

I'ay beaucoup de courage.

GENSERIC.

Craignez, craignez vn Roy, que vous mettez si bas;

L'IMPERATRICE.

Ie ne crainds que le Ciel, que ie n'offence pas.

GENSERIC.

Enfin vostre rigueur est tousiours obstinée.

L'IMPERATRICE.

Ie veux mourir en Reine, ainsi que i'y suis née.

GENSERIC.

Prenez, vn bon conseil,

L'IMPERATRICE.

Le conseil en est pris,
Et ie n'ay pas vn cœur, à souffrir le mespris,

GENSERIC.

Enfin c'est trop souffrir cét orgueil qui me braue:
C'est trop faire le foible, & trop faire l'esclaue;

F ij

L'excez d'humilité ne sied pas bien aux Roys,
Et le vainqueur tout seul, doit imposer des loix.
Ville, que les Romains ont iadis saccagée,
Rome sera punie, & Carthage vangée;
Et comme ses remparts n'ont pû nous résister,
Ie vaincray cét orgueil, difficile à dompter.
I'entre dans le iardin; si deuant que i'en sorte,
Vous ne vous résoluez à parler d'autre sorte;
Sçachez (pour me payer d'vn temps si mal vsé)
Que la force obtiendra, ce qu'on m'a refusé,
Ie vous le dis encor, songez-y donc Madame.

L'IMPERATRICE.

O Ciel! en quel estat reduisez-vous mon ame?
Quoy, faut-il que i'endure vn si sensible affront?
I'en ay la mort au sein, & la rougeur au front.
A moy tant d'insolence, à moy tant de menaces!
A moy qui tiens le iour de ces illustres races,
A qui toute la terre obeït si long-temps!
A moy faire auiourd'huy le discours que i'entends!
Moy, me traiter d'esclaue; ô fortune ennemie,
Comble moy de mal-heurs, mais non pas d'infamie;
Ie perds auec le Throsne, & repos, & bon-heur,
Bref, tu m'as tout raui, mais laisse moy l'honneur.
Ie ne demande point que ma disgrace cesse;
Ie ne veux seulement que mourir en Princesse;
Ie ne veux seulement qu'arrester par ma mort,
L'amour de ce Barbare, & son Barbare effort.

Helas que dois-tu faire Eudoxe infortunée?
Parmy tant de mal-heurs où l'on t'a condamnée?
Quel conseil dois-tu prendre en cette extrémité?
Quel asile te reste, & quelle seureté?
Et comment vaincre icy la rage frenetique
D'vn monstre qui commande aux monstres de l'Af-
frique?
D'vn monstre si cruel, d'vn monstre si brutal!
Helas tout m'est contraire, helas tout m'est fatal!
L'esperance en ce iour, de tout point m'est rauie;
Ie pers mesme l'espoir, de perdre enfin la vie,
Parmy tant de douleurs, ne pouuant expirer,
Ie croy souffrir vn mal, qui doit tousiours durer;
Ouy ouy cruel destin, dans ma triste aduanture,
Changez l'ordre establi, renuersez la nature;
Et comme c'est la mort qui me peut secourir,
Venez rendre immortel, vn cœur qui veut mourir.

PLACIDIE.

Hé Madame,

EVDOXE.

Calmez ces pensers qui vous troublent:

L'IMPERATRICE.

Mes filles, c'est pour vous que mes douleurs redou-
blent:
Et mon esprit sensible à la iuste amitié,
S'il a beaucoup de peur, n'a pas moins de pitié.

F iij

Car ſi pour mon bon-heur la Parque nous ſepare,
Vous reſtez apres moy dans les mains d'vn barbare,
A qui tout eſt permis ; & qui fait tout auſſi ;
Et ie mourray deux fois, ſi vous mourez icy.
Ciel eſcoute la voix, que ie pouſſe pour elles ;
Arreſte apres ma mort, leurs diſgraces cruelles ;
Mais ſi ce fier Tyran eſt encor forcené,
Ciel, priue les du iour que ie leur ay donné :
Helas, de quel mal-heur ma fortune eſt ſuiuie,
De ſouhaiter leur mort, ayant cauſé leur vie.
Où ſera mon refuge, où ſera mon recours ?
La terre eſt impuiſſante, & les cieux ſeblent ſourds.
O toy pour me tirer d'vne triſte aduanture,
Vrſace, cher Vrſace, ouure ta ſepulture ;
Ouure la cher eſprit ; ſi i'ay quelque pouuoir ;
Sors pour me deliurer, & pour me receuoir ;
Et puiſque mon deſtin eſt proche de ſon terme,
Que ta main m'y conduiſe ; & qu'elle là referme.
Vois ſi i'ay conſerué ma conſtance & ma foy ;
Conſidere les maux, que ie ſouffre pour toy ;
Iuge ſi ton Eudoxe eſt volage ou fidelle ;
Si ſon cœur meritoit les ſoins que tu pris d'elle,
S'il conſerue vn objet, & ſi cher & ſi beau ;
Et s'il eſtime vn throſne au prix de ton tombeau.
Mais ie diſcours en l'air, & mon eſprit s'égare,
On ne peut reünir ce que la mort ſepare,
Les morts n'entedent plus, ny ſoupirs, ny clameurs,
Vrſace ne vit plus ; meurs donc Eudoxe, meurs.

SCENE IV.

L'IMPERATRICE, THRASIMOND, PLACIDIE, EVDOXE.

L'IMPERATRICE.

HA Seigneur ! c'est icy qu'vne vertu si haute,
Doit contredire vn pere, & reparer sa faute:
C'est icy qu'vn esprit, si grand, & genereux,
Peut arrester le cours de mon sort mal-heureux.
Ie ne demande point que suiuant ma colere,
Vostre bras irrité, s'arme contre son Pere.
Au contraire Seigneur, ie demande aujourd'huy,
Que vous sauuiez sa gloire, & combatiez pour luy,
Empeschez par ma mort qu'il ne se deshonnore:
Il est encore temps, vous le pouuez encore,
En me priuant du iour, Seigneur, vous le pouuez,
Ou pour mieux dire encor, Seigneur, vous le deuez.
Voudriez vous espouser la fille d'vne femme,
Qu'vn Prince violent, auroit rendue infame?
Ha, Seigneur vostre rang ne vous le permet pas:
Vostre honneur, & le mien demandent mon trespas:
Il y va de ma gloire, il y va de la vostre,
Et de celle d'vn Roy, si contraire à la nostre.

Donnez, donc vn trespas, & si cher, & si doux,
Ou si, tant d'amitié, que vous auez pour nous,
Mal-gré tant de mal-heurs, n'apreuue point l'en-
uie,
Que i'ay de lés finir, en finissant ma vie,
Et que l'amour d'Eudoxe, enioignant vos esprits,
Ne puisse consentir au dessein que i'ay pris:
Taschez donc d'arracher de cét esprit sauuage,
Vn dessein qui me perd, vn dessein qui m'outrage,
Et qui (s'il dure encor) mettra certainement,
Ces Princesses & moy, dans vn seul monument:
Ie vous coniure icy.....

THRASIMOND.

Que faites-vous Madame?

L'IMPERATRICE.

Par l'honneur, par l'amour, par vostre belle flame,
Par celle qui vous aime, & que vous aimez tant,
De nous rendre aujourd'huy ce seruice important.

PLACIDIE.

Ha, Seigneur, sauuez-nous,

THRASIMOND.

Vous me comblez de honte,

EVDOXE.

Seigneur?

THRASIMOND.

THRASIMOND.

O Dieu ie meurs,

EVDOXE.

Si l'amour qui me dompte,
Genereux Thrasimod, vous touche au mesme point,
Ne l'abandonnez pas, ne m'abandonnez point.

THRASIMOND.

Moy vous abandonner! ha dans cette aduanture,
Ie ne balance point l'amour & la nature;
Ie ne connois que trop l'iniustice du Roy,
Et pour sa propre gloire, & pour vous, & pour moy:
Madame, asseurez-vous que cét iniuste pere,
Se laissera flechir, ainsi que ie l'espere,
Ou qu'il verra ce cœur, d'espoir abandonné,
Rendre à ses cruautez le sang qu'il m'a donné:
Ie m'en vay le trouuer:

L'IMPERATRICE.

Ce n'est pas mon enuie:

THRASIMOND.

Et ie garderay mieux vostre honneur que ma vie.

L'IMPERATRICE.

Me le promettez-vous?

G

THRASIMOND.

Ouy, ie vous le promets;
Et si ie ne le fay, ne m'estimez, iamais.

Fin du second Acte.

ACTE III.

GENSERIC, THRASIMOND, ASPAR,
OLIMBRE, VRSACE, OLICHARSIS,
EVDOXE, PLACIDIE, L'IMPERATRI-
CE, TALERBAL, TROVPE DE
GARDES.

SCENE PREMIERE

GENSERIC, THRASIMOND, ASPAR.

THRASIMOND.

Seigneur, ma liberté vous doit sembler
    estrange :
    Aussi vostre œil s'irrite, & vostre teint se
    change,
Et ie m'aperçoy bien que ce que ie vous dy,
Quoy que iuste en effet, vous semble trop hardy.
Mais quelque trouble enfin, qui sur ce front s'esleue,
Me deust-il foudroyer, si faut-il que i'acheue,

Et pour voſtre intereſt, autant que pour le mien,
Puiſque i'ay commencé, que ie ne cele rien.
Certains eſprits Seigneur, que l'intereſt anime,
Certains eſprits meſchans, qui viuent de leur crime,
Connoiſſant voſtre humeur, connoiſſant ſa bonté,
Vſent inſolemment de ſa facilité,
Diſent tout, oſent tout, voyant qu'on leur pardonne,
Et donnent des conſeils dignes de qui les donne.
Mais ces peſtes d'eſtat, ſi l'on ſouffre leur voix,
Ayant perdu l'honneur, perdent apres les Roys,
Ces laſches, ces flateurs, ces ames mercenaires,
Parmy les trahiſons, qui leur ſont ordinaires,
N'en ont point de plus grande, & plus à redouter,
Pour l'honneur de celuy qui les daigne eſcouter,
Que celle qui conduit ſa raiſon aueuglée,
Dans les cruels tranſports d'vne amour dereglée:
Ces infames eſprits, par ce mauuais conſeil,
Impriment vne tache aux rayons d'vn ſoleil,
Que ne ſçauroit cacher leur malice profonde,
Car les vices des Roys, ſont veus de tout le monde.
Leurs feux les plus cachez, ſont touſiours deſcouuers,
Ha Seigneur, ha Seigneur, que dira l'vniuers,
Luy qui vous connoiſt tant, luy qui vous conſidere,
Lors qu'il ſçaura l'erreur qu'on vous oblige à faire?
Faut-il que Genſeric, cet illuſtre vainqueur,
Qui s'eſt faict vn eſtat, auſſi grand que ſon cœur,
Et dont l'illuſtre cœur, eſt plus grand que la terre,
Terniſſe dans la paix, l'honneur acquis en guerre?

n. *ie les bords de Calpe, & ceux d'Abile auſſi,*
Sçachent que leur vainqueur, ſe deshonore icy:
Faut-il qu'on vous reproche, ayant vaincu l'Affri-
    que,
Que la foy d'vn Vandale, eſt vne foy punique?
Car en cette action, Seigneur, vous teſmoignez,
Que vous prenez l'humeur, des lieux où vous re-
    gnez.
Vne Reine en ſes maux, vous appelle à ſon ayde,
Vous luy donnez la mort, en ſuitte du remede,
Vous ne la deliurez, que pour la captiuer,
Enfin vous la perdez, au lieu de la ſauuer:
Vous la perſecutez, d'vne amour qui la fache,
Et tout cela Seigneur, par le conſeil d'vn lache.
Mais ſi ce grand eſprit, que vous tenez des Cieux,
En cette occaſion vouloit ouurir les yeux,
Et conſiderer bien ce qu'il veut entreprendre,
Bien loin de l'attaquer, il voudroit la deffendre,
Et pour la ſatisfaire, apres vn ſi grand tort,
Condamneroit luy-meſme vn perfide à la mort.
C'eſt à quoy la raiſon, par ma voix vous exorte,
Et ſi cette raiſon n'eſt encore aſſez forte,
C'eſt à quoy voſtre honeur, vous oblige auiourd'huy,
Ne faites rien pour moy, mais faites tout pour luy,
Sauuez l'Imperatrice, en ſauuant voſtre gloire,
Emportez ſur vous meſme, vne illuſtre victoire,
Et s'il faut appaiſer voſtre eſprit irrité,
Ma teſte reſpondra de ma temerité.

GENSERIC.

Qu'eſt-cecy Thraſimond? qui porte voſtre langue,
A me faire auiourd'huy cette belle harangue?
Auez-vous oublié que ie ſuis voſtre Roy,
Et perdu le reſpect, qu'on doit auoir pour moy?
Et depuis quand mon fils, la diuine largeſſe,
Vous a t'elle donné cette haute ſageſſe,
Qui s'ingere en ce lieu, de conſeiller les Roys,
Et qui veut maintenant, leur preſcrire des loix?
Depuis quand (s'il vous plaiſt) s'eſt fait ce beau mi-
    racle
Qui d'vn ieune eſtourdy nous a fait vn oracle,
Qui predit l'auenir, qui blaſme ma rigueur,
Qui voit tous mes deſſains, & qui lit dans mon cœur?
Vrayment cette aduanture eſt ſi rare & ſi belle,
Qu'il faut que tout le monde entende parler d'elle,
Et vous m'obligerez, en m'apprenant auſſi,
Qui vous a commandé, de me parler ainſi.
Reſpondez (s'il vous plaiſt) mon cenſeur & mon
    maiſtre;
Eſt-ce à vous à iuger, eſt-ce à vous à connoiſtre,
Et de tous mes penſers, & de tous mes deſſains,
Et le ciel a-t'il mis mon ſort entre vos mains?
Dequoy vous meſlez-vous, ſage & grand habile
    homme?
Auez-vous pris en main les intereſts de Rome?

Pretendez-vous paſſer pour ſon liberateur,
Et diſputer de gloire auec ſon fondateur?
Voulez-vous releuer là cheute de l'Empire,
Ou vous mettre vous meſme en vn eſtat bien pire?
Allez ieune inſolent, allez, ne parlez plus;
Ou i'arreſteray bien ces diſcours ſuperflus;
Et ie vous feray voir (moy qui vous peux deſtruire)
Que ce n'eſt point à vous, à vous meſler d'inſtruire.

THRASIMOND.

Seigneur ie n'inſtruis point, mais la raiſon inſtruit
Auec beaucoup d'ardeur, quoy qu'auec peu de fruict.

GENSERIC.

Quoy vous me repliquez!

THRASIMOND.

C'eſt elle qui replique.

GENSERIC.

C'eſt vous qui m'offencez.

THRASIMOND.

C'eſt elle qui s'explique.

GENSERIC.

Vous perdez le reſpect que vous deuez auoir.

EVDOXE,

THRASIMOND.

Ie songe à vostre gloire, & ie fais mon deuoir.

GENSERIC.

Vous n'apprehendez point ma colere irritée.

THRASIMOND.

On doit l'apprehender, quand on l'a meritée.

GENSERIC.

Et par cette raison, craignez là desormais:

THRASIMOND.

Et par cette raison, ie ne craindray iamais.

GENSERIC.

Vous, censurer vn Roy que tout le monde estime!

THRASIMOND.

Ie n'attaque en parlant, que l'autheur de son crime.

ASPAR.

Ha Seigneur ce discours semble estre dit à moy,
Mais vostre Altesse a tort...

THRASIMOND.

                              Ouy traistre c'est à toy,
                                               Esclaue

Esclaue merçenaire, à toy flateur du vice,
C'est à toy que i'en veux, & qu'en veut la iustice;
Et n'estoit le respect que ie porte à mon Roy,
Tu sentirois bien mieux qu'elle n'en veut qu'à toy.

GENSERIC.

Ha, c'est trop endurer, vne telle insolence;
Croyez que ie sçauray vous imposer silence;
Et qu'vn iuste courroux vous sçaura mettre en lieu,
Pour apprendre à parler à vostre pere, à Dieu.

THRASIMOND.

Pere fier & cruel, & cruelle aduanture;
Sentimens de respect qu'donne la nature;
Sentimens de colere, & d'honneur, & d'amour;
Helas, que dois-ie faire en ce funeste iour?
A qui dois-ie de vous abandonner mon ame?
Mais qui puis-ie de vous, abandonner sans blasme?
Tous, tous esgalement, occupez mon penser,
Et tous m'estes des Dieux que i'ay peur d'offencer.
Icy nature parle, icy l'Amour s'oppose;
Icy l'vne destruit, ce que l'autre propose;
Ie voudrois obeir, ie voudrois me vanger;
Ie voudrois .... que voudrois-ie en vn si grãd dãger?
Ie ne sçay que vouloir, ie ne sçay que resoudre;
Partout esgalement, i'entends gronder la foudre;
Tout dessain me fait peur, tout conseil m'est suspect;
Et ie suy tour à tour, l'Amour & le respect.

O supplice cruel, dont mon ame est gesnée!
Mais c'est trop balancer, ma parole est donnée,
Puisque ie l'ay promis, il la faut secourir,
Sauuons l'Imperatrice, & puis allons mourir:
L'Amour le veut ainsi, la vertu nous l'ordonne,
Suiuons sans repugnance, vn conseil qu'elle donne,
Nature doit ceder, elle a moins de pouuoir,
Et tout cede auec elle, à ce premier deuoir.

SCENE II.

THRASIMOND, OLIMBRE, VRSACE

THRASIMOND.

Est-ce vous cher Olimbre, estes vous à Carthage?
Parmy tant de mal-heurs, ay-je cét aduan-
tage
De pouuoir partager mes desseins entre nous?
Est-ce vous cher amy, cher Olimbre est-ce vous?

OLIMBRE.

Ouy Seigneur c'est Olimbre, ou pour mieux dire,
encore,
C'est vn cœur qui vous ayme, vn cœur qui vous
honore,

Et qui tefmoignera, quelques maux qu'il ait eus,
Qu'il connoiſt ſon deuoir, ainſi que vos vertus.

THRASIMOND.

Ha que ie ſuis content, de vous voir en Affrique,
Mais auant que mon cœur, & vous parle, & s'ex-
 plique,
Il faut qu'auecques vous ie me pleigne du ſort,
Qui nous rauit Vrſace;

VRSACE.

    Vrſace n'eſt pas mort,
Vrſace vit encor incomparable Prince:
Ouy le voicy viuant, & dans voſtre Prouince:
Le voicy cét Vrſace, encore trop heureux,
Puis qu'il n'eſt pas hay, d'vn cœur ſi genereux.

THRASIMOND.

O plaiſir ſans eſgal!

VRSACE.

    Ouy Seigneur, cét Vrſace,
Deuroit perdre le iour, & voſtre bonne grace,
S'il vouloit vous cacher, qu'il eſt encore icy;
Il a deu vous le dire, il vous le dit auſſi,
Enfin vous le voyez, & ſon ame eſt rauie,
De vous abandonner, ſon honneur, & ſa vie;
Il ne vous cache point, ce qu'il cachoit à tous,
Il craint tout en ces lieux, mais il s'aſſure en vous.

        H H.

THRASIMOND.

Il le peut, il le peut, & ie veux qu'il le voye;
Vrface, Olimbre, amis, vous me comblez de ioye;

OLIMBRE.

Que veut Olicharfis?

SCENE III.

OLICHARSIS, THRASIMOND,
VRSACE, OLIMBRE.

OLICHARSIS.

E viens vous aduertir,
Qu'on a quelque deffain, que le Roy va fortir;
Que dans fon antichambre on affemble fes gardes;
Qu'Affar eft au milieu de trente halebardes;
Qu'il a parlé long-temps, à l'oreille du Roy;
Et que ce procedé me donne de l'effroy;
Ie connois la malice, & l'humeur de ce traiftre;
Et comme moy Seigneur, vous le deuez connaiftre;
Ie n'ay rien leu de bon, en fon farouche afpect;
Et ce qui vient de luy nous doit eftre fufpect.

THRASIMOND.

Dieu! que deuons nous faire? en quel trouble est mon
  ame!

VRSACE.

Me permettre Seigneur, d'attaquer cét infame:
De luy mettre à l'instant vn poignard dans le sein,
Et d'arrester par là son coupable dessain.
Il est iuste, il le faut, souffrez-le ie vous prie:
C'est le plus doux moyen, qu'inspire ma furie;
C'est le plus doux moyen que nous puissions choisir,
Et dans vn mal si grand, & dans mon desplaisir.
Ie sçay qu'vn nom de Roy s'oppose à ma colere;
Et pour l'amour du fils, ce que ie dois au pere:
Mais dans l'extremité, des maux où ie me voy,
Ie perds le souuenir de tout ce que ie doy.
Seigneur, ie ne sçaurois vous cacher ma pensée;
Mon cœur est enragé, mon ame est insensée;
Ie dois vaincre ou mourir, & ce cœur s'y resout,
Enfin mon desespoir est capable de tout.
Il faut, il faut me perdre, il faut que ie perisse,
Il s'agit de l'honneur, & de l'Imperatrice;
Bref il s'agit de tout ; & dans ce desespoir,
Ie ne balance point, ie connois mon deuoir;
Tant qu'Vrsace viura, sa force & son courage
S'opposeront tousiours à cette iniuste r'age;

Il ne souffrira point, que l'on traite auiourd'huy
Sa Maistresse en esclaue, & mesme deuant luy.
Il ne souffrira point que la rage ennemie
A tant de maux souffers, adiouste l'infamie;
Il ne souffrira point; non il ne peut souffrir,
Quelque obstacle en ce iour que le sort puisse offrir,
Qu'on force .... à ce seul mot ma tristesse redouble;
L'horreur de ce penser, me confond, & me trouble;
Ie ne puis acheuer vn si triste discours;
Ie sents que mon trespas en arreste le cours;
L'excez de la douleur a trop de violence,
Et la main de la mort vient m'imposer silence:
Ie succombe, ie meurs, mais gardons de mourir;
Il n'est pas temps encor, il la faut secourir;
Il faut faire vn effort, pour souffrir & pour viure;
La raison veut qu'on viue, afin qu'on la deliure;
Elle l'ordonne ainsi, quoy qu'il puisse arriuer;
Et l'Amour veut qu'on meure, afin de la sauuer.
Faisons donc l'vn & l'autre; ô Prince magnanime!
Ie sçay que vostre esprit est ennemy du crime,
Souffrez donc que mon bras signalle icy ma foy,
Il n'en veut qu'au meschant qui conseille le Roy.

THRASIMOND.

I'appreuue vne douleur, & si iuste, & si forte;
Mais non pas le dessain où la douleur vous porte.
Sans doute il vous perdroit, veüillez donc le changer;
C'est moy qui le puis faire auec moins de danger;

Car ie ne pense pas, que pour la mort d'vn traistre,
Le Roy puisse oublier que luy seul m'a fait naistre.
Ainsi quoy qu'il arriue il faut qu'au mesme instant
I'aille perdre celuy qui nous afflige tant:
Sa mort arrestera ce dessain si funeste,
Enfin faisons cela, le ciel fera le reste.

OLIMBRE.

Mon cœur pour vostre Altesse, a pourtant de l'effroy:
Ne vaudroit-il point mieux me presenter au Roy?
Vous sçauez que ce Prince a pour moy quelque
    estime,
Peut-estre que ma voix arrestera son crime;
Les moyens les plus doux sont les plus asseurez.

VRSACE.

Mais ils ne valent rien aux maux desesperez:
Qu'on laisse agir mon bras, puis qu'il le peut encore:

THRASIMOND.

Il est vray que le Roy vous ayme, & vous honore,
Mais en l'estat qu'il est, mais en cette saison,
Il n'escouteroit plus amitié ny raison,

VRSACE.

Laissez moy donc aller,

THRASIMOND.

             Non, demeurez Vrsace.

EVDOXE,

VRSACE.

Que ie perde vn meschant,

THRASIMOND.

Il faut que ie le face.

VRSACE.

Pourquoy vous exposer?

THRASIMOND.

Pourquoy vous perdre icy?

VRSACE.

Ha! Seigneur ie le dois,

THRASIMOND.

Et ie le dois auſſi.

VRSACE.

Au nom de la vertu contentez mon enuie.

THRASIMOND.

Au nom de l'amitié conseruez voſtre vie.

VRSACE.

Vous me deſeſperez, Prince trop genereux:

THRASIMOND.

TRAGI-COMEDIE.

THRASIMOND.

Et vous nous voulez, rẽdre encor plus mal-heureux.

VRSACE.

Ie vous coniure icy, par ce cœur franc de vice...

THRASIMOND.

Et moy par le deuoir, & par l'Imperatrice.
Contestez-vous encor? & cét Auguste nom,
Sera-t'il sans pouuoir au cœur d'Vrsace?

VRSACE.

Non

Il peut tout sur mon cœur, il peut tout dans mon
   ame,
Mais cette obeïssance, est bien digne de blasme.

THRASIMOND.

Tout l'vniuers connoist vostre cœur sans esgal,
Allez-moy donc attendre au Palais d'Hannibal.
Vous, commandez aux miens de se rendre à la porte,
Afin qu'apres le coup, ils me seruent d'escorte,
Pour tascher d'esuiter la colere du Roy:

VRSACE.

Non, non, ie vous suiuray.

THRASIMOND.

I'oy du bruic, laissez-moy.

SCENE IV.

GENSERIC, ASPAR, TROVPE DE GARDES.

GENSERIC.

AVez-vous mis ma garde à l'entour de la place?
Auez-vous commandé que personne ne passe?
Et que si Thrasimond ose s'y presenter,
Que sans aucun respect on le face arrester?

ASPAR.

Ouy Seigneur ie l'ay dit, & la place est gardée:

GENSERIC.

Ouurez donc cette porte.

ASPAR.

　　　　　　Elle est barricadée;
On ne sçauroit l'ouurir, & le passe par tout,
Auec tout mon effort, n'en peut venir à bout.

GENSERIC.

Quoy ie suis à Carthage, & n'y suis pas le maistre!
Orgueilleuse beauté, ie vous feray connoistre,

'Apres tant de soupirs, de pleintes & de vœux,
Qu'on ne peut s'opposer à tout ce que ie veux.
Frapez:

A S P A R.

Cette victoire est sans doute asseurée.

SCENE V.

EVDOXE, PLACIDIE, GENSERIC, ASPAR, TROVPE DE GARDES.

EVDOXE.

SEigneur, l'Imperatrice est desia retirée,
On ne sçauroit la voir, que vostre Majesté
Excuse s'il luy plaist, cette inciuilité.

GENSERIC.

Vn dessain important veut que ie l'entretienne,
Qu'on ouure:

PLACIDIE.

Helas Seigneur, que l'honneur vous retienne.

EVDOXE.

Considerez son rang.

EVDOXE,

PLACIDIE.

Songez à ses mal-heurs.

EVDOXE.

Et n'entreprenez point d'augmenter ses douleurs.

GENSERIC.

Ouurez, ouurez, Aspar, icy la force est bonne.

SCENE VI.

L'IMPERATRICE, GENSERIC, ASPAR, TROVPE DE GARDES.

L'IMPERATRICE.

ARrestez Genseric, c'est moy qui vous l'ordonne:
Enfin c'est trop souffrir, enfin c'est trop flatter,
Et vous me reduisez aux termes d'esclatter.
Icy le desespoir met la crainte en arriere,
Et le commandement succede à la priere.
Ouy ie vous le commande, & i'en ay le pouuoir.
Auez-vous oublié quel est vostre deuoir?
Que tous Roys sont vassaux de la grandeur Ro-
   maine,
En qui vn illustre sang, m'en rendit souueraine?

Quoy venir fans reſpect, & faire vn ſi grand bruit,
En ces lieux, en ce temps, à cette heure, & de nuit !
O Ciel où ſommes-nous! & quelle procedure,
Se pratiqua iamais plus Barbare & plus dure?
Traiter vne Princeſſe, auec indignité!
Faire vn ſanglant affront, à cette qualité!
Ne conſiderer point ſon illuſtre naïſſance!
Vſer inſolemment, d'vne iniuſte puiſſance!
N'eſtre pas ſatisfaict de la voir ſans bon-heur!
S'attaquer à ſes iours, s'attaquer à l'honneur!
Ha! ne vous flattez point, d'vne eſperance vaine,
Onn'aquiert point l'amour, par des effects de haine;
Et l'inſolence enfin, pire que le treſpas,
Irrite vn grand courage, & ne le flechit pas.

GENSERIC.

Madame, c'eſt pourquoy ne trouuez pas eſtrange,
Si de tant de meſpris, mon cœur enfin ſe vange,
Et ſi par ce meſpris mon courage endurcy,
En cette occaſion, ne flechit point auſſi.

L'IMPERATRICE.

Ie n'ay nul ſentiment qui ne ſoit equitable;
Mais le voſtre paroiſt iniuſte, & redoutable;
Mon cœur en a tremblé, mon taint en a bleſmis
Vous n'eſtes plus Amant, vous eſtes ennemy.

I iij

GENSERIC.

Ha ie suis vn amant, mais amant qu'on outrage,
Mais amât sans bon-heur, & non pas sans courage,
Mais amant sans espoir, mais amant mesprisé,
Mais amant qui peut tout, & qui voit tout aisé.

L'IMPERATRICE.

Quoy cruel tant de pleurs ne touchent point vostre
   ame.
Vous ne craignez donc plus, ny le ciel, ny le blasme,
Il ne vous reste plus aucune humanité!
Vous violez les droicts de l'hospitalité!
Vous ne respectez plus ny sexe, ny couronne!
Vous suiuez les conseils que la fureur vous donne!
Vous vous abandonnez à ces lasches transports!
Vous affligez l'esprit, vous captiuez le corps!
Vous perdez vos amis, vous perdez vostre gloire!
Et tout pour obtenir vne infame victoire;
Et tout pour contenter vne illicite amour,
Qui vous oste l'honneur, & qui m'oste le iour.
Mais cruel, escoutez ce que ie m'en-vay dire
Et l'estat où ie suis, dans la crainte d'vn pire.
Tout ce qui peut brusler le plus facilement,
Sieges, Dais, & tapis, & tout l'ameublement,
I'ay tout mis l'vn sur l'autre en la chambre prochai-
   ne,
Afin de l'opposer au dessain qui vous meine;

Regardez, ce Palais, regardez, ce flambeau,
Car la flame & la cendre, en feront mon tombeau,
Si vous entreprenez, de rompre cette porte.

ASPAR.

La crainte de la mort, en son ame est trop forte.

GENSERIC.

Dans l'estat desplorable où vous m'auez reduit,
Apres tant de trauaux, que i'ay souffers sans fruit,
Non, apres la rigueur d'vne si longue attente,
Rien ne peut empescher que ie ne me contente.

L'IMPERATRICE.

Oubliez-vous l'honneur?

GENSERIC.

Tout, pour vous posseder.

L'IMPERATRICE.

Escoutez la raison.

GENSERIC.

Elle vient de ceder.

L'IMPERATRICE.

Elle parle pourtant;

EVDOXE,

GENSERIC.

Elle est mal escoutée.

L'IMPERATRICE.

La iustice la suit.

GENSERIC.

Elle est peu redoutée.

L'IMPERATRICE.

Quoy, voulez-vous ma mort?

GENSERIC.

Voulez-vous mon trespas?

L'IMPERATRICE.

Ne flechirez-vous point?

GENSERIC.

Ne flechirez-vous pas?

L'IMPERATRICE.

Le ciel voit vos desseins.

GENSERIC.

Et vous voyez ma peine.

L'IMPERATRICE.

L'IMPERATRICE.

Quoy mes propos font vains!

GENSERIC.

Quoy ma douleur eſt vaine!

L'IMPERATRICE.

A la mort.

GENSERIC.

Au plaiſir.

L'IMPERATRICE.

Sauuons-nous.

GENSERIC.

Sauuez-moy.

L'IMPERATRICE.

Honneur.

GENSERIC.

Amour.

L'IMPERATRICE.

Ie meurs.

X

GENSERIC.

> *Ie ne vis que par toy,*
> *Mais c'est trop differer l'aise qui me transporte.*

L'IMPERATRICE.

Arreste encor vn coup.

GENSERIC.

> *Gardes, rompez la porte.*

L'IMPERATRICE.

Barbare souuiens-toy que ie m'en-vais mourir,
Et que i'ay dans la main dequoy me secourir:
S'en est fait, il le faut; ô bien-heureuses flames,
Venez perdre nos corps, & conseruer nos ames.

GENSERIC.

Dieu qu'est-ce que ie voy, le feu brille par tout,
Il gagne ce Palais, de l'vn à l'autre bout;
Viste, que chacun coure, & qu'on tasche d'esteindre
Ce brasier deuorant, & que ie dois tant craindre.
Que de tous les costez on coure promptement;
Au feu, soldats au feu, montez en vn moment:
Entrons amis entrons, s'il est possible encore:
Le feu les enueloppe, & le feu les deuore,
Ciel ie les voy perir, ciel ie les voy brusler;
Et la flame qui sort, me force à reculer:

Par tout i'oy retentir, ce bruit espouuentable;
Par tout ie voy flamber vn feu si redoutable;
Tout croule, tout noircit, tout paroist confondu;
Helas elle est perduë, hélas ie suis perdu!
Cette tragique mort, par l'vniuers semée,
Genseric, Genseric, destruit ta renommée.
Ha tyran qu'as-tu dit, ha tyran qu'as-tu faict!
O d'vne iniuste amour, iniuste & triste effect!
O de ma violence, effect bien desplorable!
Eudoxe, belle Eudoxe, objet incomparable;
Au milieu de la flame, au milieu du courroux;
Voyez, vostre bourreau, qui souffre plus que vous.
O mal-heureuse amour ie deteste ta flame!
O remords violents qui tourmentez mon ame;
O faute reconnuë, ô tardif repentir!
Percez, percez mon cœur, faites luy tout sentir,
Feux, fers, poisons, cordeaux, & pour punir mon
    vice;
De tous les chastimens, ne faites qu'vn supplice;
I'ay plus failly moy seul, que tous les criminels;
Faites moy donc sentir tous leurs maux eternels.

A. S P A R.

Seigneur.

GENSERIC.

Ha scelerat, autheur de ma disgrace;
Oses-tu me parler, as-tu bien cette audace?

Vois meschant, vois l'effect de ton crime & du mien,
Afin de commencer mon supplice & le tien.

ASPAR.

Ha Seigneur...

GENSERIC.

Detestable il faut que cette espée,
Pour punir tes forfaicts dans ton sang soit trempée,
Et pour apprendre encor aux meschans comme toy,
A ne flater iamais les vices de leur Roy.

SCENE VII
THRASIMOND.

L Asches, tout voftre effort eft vn trop foible ob-
　　ftacle:
Dieu qu'eft-ce que ie voy, quel horrible spectacle!
Tout le Palais en flame, helas il faut mourir;
Par où pourray-ie entrer, par où dois-ie courir;
Icy la flame efclatte, icy le feu fe monftre;
Par tout elle rauage, en tout ie la rencontre;
Ie ne fçaurois paffer, & puis il n'eft plus temps:
On ne peut s'oppofer, à la mort que i'attends;

Mon Eudoxe a pery, mon Eudoxe eſt perduë,
Mon Eudoxe (ô mal-heur) ne peut m'eſtre renduë,
Ha mon Eudoxe eſt morte, & ſa mere, & ſa ſœur,
Auec tous les plaiſirs dont ie fus poſſeſſeur.
Pere ſans amitié, Barbare impitoyable,
Qui ſans doute as commis vne faute effroyable,
Viens acheuer ton crime, & me priuer du iour,
Viens contenter icy, ta haine, & mon amour,
Viens icy contenter vne ſi iuſte enuie,
Ie ne veux rien de toy, viens reprendre ma vie,
Viens m'arracher le cœur ; mais Tigre ne viens pas,
Ie ne ſçay ſi nature arreſteroit mon bras,
Et ſi mon deſeſpoir, ſi grand, ſi legitime,
Ne voudroit point punir vn crime par vn crime.
Non, non ie n'en ſçay rien, & dans mon deſeſpoir,
Peut-eſtre la nature, auroit peu de pouuoir.
O deſtin rigoureux, que ta force eſt à craindre!
Mais laſche Thraſimõd, de qui te veux-tu plaindre?
N'accuſe point le ciel, ton pere, & ton mal-heur:
N'accuſe que ton bras, & ton peu de valeur,
Quoy, tarder ſi long-temps à forcer vn paſſage,
Que t'oſoyent diſputer des hommes ſans courage!
Des hommes qui trembloient ſçachant ta qualité!
Et que tu deuois vaincre auec facilité!
Ha laſche encor vn coup, que rien ne te conſolle:
N'auois-tu pas promis & donné ta parolle,
Que la fureur du Roy n'auroit aucun effect?
Traiſtre tu l'as promis, mais traiſtre l'as-tu faict?

Ha non, non, tu n'as faict qu'vne promeſſe vaine;
Meurs donc pour te punir, & pour vanger ta Reine:
Meurs, Prince infortuné, meurs.

SCENE VIII.

TALERBAL, THRASIMOND.

TALERBAL.

Eigneur ſuiuez-moy,
Mais ſans perdre de temps;

THRASIMOND.

Moy te ſuiure & pourquoy?

TALERBAL.

Ouy Seigneur, ſuiuez-moy:

THRASIMOND.

Bizarre procedure!
En cette deplorable, & funeſte aduanture,
As tu perdu le ſens au milieu de l'effroy,
Que tu parles ainſi?

TALERBAL.

Non Seigneur suiuez-moy:

THRASIMOND.

Explique ton dessain, & tire moy de doute.

TALERBAL.

Ha Seigneur suiuez-moy, de crainte qu'on n'escoute,

THRASIMOND.

Marche donc ie te suy; car en despit du sort,
Ma main en tous endroicts, sçaura trouuer la mort.

Fin du troisiesme Acte.

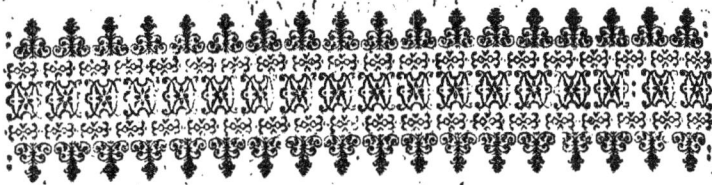

ACTE IV.

VRSACE, OLIMBRE, THRASIMOND,
L'IMPERATRICE, PLACIDIE,
EVDOXE.

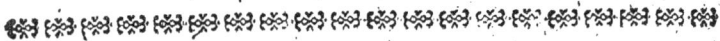

SCENE PREMIERE.

VRSACE.

STANCES.

Ristes debris, objets funebres,
Qui parmy l'horreur des tenebres,
Paroissez, plus noircis du feu que de la nuit:
Effroyables tesmoins d'vne horrible aduanture,
Soyez le du mal que i'endure,
Palais bruslez, demeure obscure,
La fureur vous abat, la fureur me destruit.

Pressé de sentimens si tendres,
Ie viens chercher parmy vos cendres,

Les cendres d'vn threfor, que mon ame a perdu:
Helas fi ma douleur n'eft fans force & fans armes,
   Souffrez que ie mefle mes larmes,
   A ces cendres pleines de charmes,
Et que ce trifte bien, me foit au moins rendu.

   En cette funefte aduanture,
   Ie ne veux point que la nature
Face vn nouueau miracle en faueur de l'amour:
Et que de cét amas de cendre & de poußiere,
   Elle reuienne à la lumiere,
   Auecques fa beauté premiere,
Me redonner la vie en reprenant le iour.

   Accablé de maux fi funeftes,
   Ie veux les pitoyables reftes,
D'vn corps remply d'apas, d'vn chef d'œuure fi beau:
Ie veux que cét objet, pour qui mon cœur foupire,
   Pour qui mon trifte cœur expire,
   Apres la perte d'vn Empire,
Luy qui fut fans bon-heur, ne foit pas fans tombeau.

   Ie veux mefler à cette cendre,
   Le fang que ie m'en vay refpandre,
Et la mettre en ce cœur, que ie m'en vay percer:
Ie veux qu'il ferue d'vrne à cette cendre aymée,
   Et que là mon ame enflammée,
   Tafche de la rendre animée,
Par la chaleur du fang, que ie m'en vay verfer.

                       L

Ciel, faites que ie la rencontre!
Faites que le sort me la monstre,
Cette cendre adorable, & que i'adore aussi:
Apres, murs esbranslez, par l'effort de la flame,
   Tombez pour contenter mon ame,
   Et faites qu'aupres de Madame,
Vostre cheute m'accable, & nous reioigne icy.

Helas c'est le seul bien que le sort me peut faire:
Car de tant d'affligez, qui sont dans la misere,
Et par qui le trespas, est si fort desiré,
Ie suis certainement le plus desesperé.
Aussi das quelque excez qu'ait peu moter leur perte,
Elle n'esgalle point celle que i'ay soufferte:
Et par l'arrest fatal, du destin rigoureux,
I'ay plus souffert moy seul, que tous les mal-heureux;
I'ay plus souffert moy seul que tout le mode enseble,
Et mon desastre est tel, que rien ne luy ressemble.
Car enfin si quelqu'vn a veu le dernier iour,
De l'aimable beauté, qui causoit son amour,
En se desesperant, en soupirant pour elle,
Il a veu cette mort commune, & naturelle,
Il a veu ce flambeau s'esteindre lentement,
Brusler sans violence, & finir doucement:
Mais (ô cruel penser qui bourrelle mon ame!)
Ie voy mourir Eudoxe, & mourir dans la flame:
Mourir dans les ardeurs d'vn brasier deuorant,
Et donner à chacun de l'horreur en mourant.

Tragique souuenir, effroyable pensée!
Qui deschire mon ame, & la rend insensée!
Qui trouble mon esprit, confond mon iugement,
Et qui me faict sentir le mesme embrasement.
Eudoxe brusler viue ô destin quelle atteinte!
Eudoxe n'estre plus que de la cendre esteinte.
Eudoxe dans le feu, pour signaler sa foy!
Ton Eudoxe bruslée, & pour l'amour de toy!
Vrsace peux-tu bien souffrir cette disgrace?
Vrsace, peux-tu viure, estant encor Vrsace?
Peux-tu viure & l'aimer & l'aimer sans mourir,
L'ayant fait sans te perdre, & sans la secourir?
Ha lasche, meurs cent fois, meurs cent fois infidelle,
Comme indigne du iour, & plus indigne d'elle.
Tu ne meritois pas de posseder son cœur,
Tu ne meritois pas d'en estre le vainqueur;
Ta naissance estoit basse, & bas est ton courage;
Tu la vois en danger, tu la vois dans l'orage,
Tu preuois le mal-heur, qui luy peut arriuer,
Et tu la vois perir, quand tu la peux sauuer!
Ha perfide, est-ce assez, en veux-tu d'auantage?
Il falloit, ou te perdre, ou renuerser Carthage;
Il falloit allumer le feu qu'elle alluma;
Bref il falloit l'aymer, ainsi qu'elle t'aima.
Il falloit que ta main plus forte & plus hardie,
Donnast vne autre fin, à cette Tragedie;
Il falloit tesmoigner, qu'vn cœur qui se resout,
Quand il est genereux est capable de tout.

Il falloit qu'vn tyran, si digne du supplice,
Esproüaft ta valeur, qu'animoit la iustice;
Et par son chastiment, apprendre à tous les Roys,
A se faire la loy, quand ils feront des loix:
Mais tu ne l'as pas fait, traistre, perfide, infame;
Pardon, helas pardon, chere ombre de mon ame,
Ie perdis la raison, te voyant en danger,
Mais qui te seruit mal, te sçaura mieux vanger;
Et ie sçauray trouuer la prochaine iournée,
Vne victime illustre, & toute couronnée.
Ta cendre dans le sang, de ton persecuteur,
Verra tomber victime, & sacrificateur;
Et sa mort, & la mienne enobtiendront ma grace,
Si la bonté d'Eudoxe, a pû haïr Vrsace.

SCENE II

VRSACE, OLIMBRE.

VRSACE.

ET bien cruel amy, seras-tu satisfait?
I'ay suiuy ton conseil, regardes en l'effect.
Vois ces tristes monceaux, & de cendre, & de poudre;
Vois ce Palais qui semble abatu par la foudre,
Vois ces murs entre-ouuerts, & ces grads bastimens,
Esbranlez par le feu, iusques aux fondemens.

C'eſt là cruel, c'eſt là, (ne faut-il que ie le die)
Que l'vne & l'autre Eudoxe, auec ta Placidie,
Dans l'effroyable flame, ont trouué leur tombeau;
Mais ton conſeil timide, en fournit le flambeau.
Ta voix retint mon bras, qui les auroit ſauuées;
Noſtre perte & leur mort, par toy ſont arriuées;
Gouſte, gouſte le fruict de tes ſages aduis,
Et vous ſi i'ay bien faict, de les auoir ſuiuis.
Icy tout mon bon-heur, icy tes allegreſſes;
Icy l'Imperatrice, icy les deux Princeſſes;
Icy toute ta ioye, icy tous mes plaiſirs;
Icy tout noſtre eſpoir, icy tous nos deſirs;
Icy par tes conſeils, nos mal-heurs ſont extrémes,
Icy nous perdons tout, & nous perdons nous meſmes.

OLIMBRE

Helas n'augmente point de ſi cuiſants remords,
Par l'objet d'vne mort, qui donne mille morts:
Ie ne connois que trop, que moy ſeul l'ay cauſée;
Ie n'apperçoy que trop, ta raiſon meſpriſée,
Ie ne ſents que trop bien qu'elle fût mon erreur;
Et mon crime apperceu, me donne aſſez d'horreur.
Vrſace, ie voy trop, que ie ſuis trop coupable:
Auſſi mon triſte cœur, de plaiſir incapable,
Ne murmurera point, quand tu viendras touſiours
Irriter ſa douleur, par le meſme diſcours.
Continuë en tout temps, d'offrir à ma penſée,
Et mon mal-heur preſent, & ma faute paſſée,

Et bien que ce discours soit un enfer pour moy,
Ne crainds pas que mon cœur s'ose pleindre de toy.

VRSACE.

Pardonne cher amy, pardonne à ma colere:
Ie fais aueuglement, ce qu'elle me suggere;
Ie sçay ton innocence, ainsi que mon mal-heur,
Mais icy ma raison, le cede à ma douleur.

OLIMBRE.

Mais icy ta douleur est iointe à la iustice:
Il n'est point de tourment, il n'est point de supplice,
Sous quelque affreux aspect qu'on vienne me l'offrir,
Que ce cœur ne merite, & ne veüille souffrir.

VRSACE.

Non, non, le seul destin, cause nostre disgrace.

OLIMBRE.

Non, non, Olimbre seul, à perdu son Vrsace.

VRSACE.

Le crime n'est causé que par l'intention.

OLIMBRE.

De moy quoy qu'il en soit vient ton affliction.

VRSACE.

On ne peut éuiter, ce que le ciel ordonne.

OLIMBRE.

Mais on peut esuiter, vn conseil que ie donne.

VRSACE.

L'amitié le donnoit, l'amitié le receut.

OLIMBRE.

L'amitié me trompa, l'amitié te deceut.

VRSACE.

L'amitié parle en toy, l'amitié te replique.

OLIMBRE.

Et par cette amitié, tu pers tout en Affrique.

VRSACE.

Helas que ferons-nous!

OLIMBRE.

Helas qu'auons-nous fait!

VRSACE.

Tu commis vne erreur.

OLIMBRE.

Tu flates vn forfait.

VRSACE.

Tous deux esgalement, le destin nous accable,

OLIMBRE.

Tu n'es que mal-heureux, & moy ie suis coupable.

VRSACE.

Cher amy,

OLIMBRE.

Cher Vrsace,

VRSACE.

O mes pleurs!

OLIMBRE.

Soupirons;

VRSACE.

Eudoxe,

OLIMBRE.

Ne vit plus!

VRSACE.

Elle est morte;

OLIMBRE.

Ha mourons!

VRSACE.

VRSACE.

Olimbre, ton conseil ne se doit iamais suiure:
Quand il falloit mourir, il me força de viure;
Maintenant qu'il faut viure, il me porte à mourir
Au lieu de m'assister, & de me secourir.

OLIMBRE.

Il faut viure (dis-tu) parmy tant de tristesses!

VRSACE.

Il faut viure vn seul iour, pour vanger les Princesses.

OLIMBRE.

I'appreuue ce dessain, ie suy ton sentiment.

VRSACE.

Viuons, vangeös nous viste, & mourös promptement.

OLIMBRE.

I'oy du bruit,

VRSACE.

Cachons-nous dans quelque lieu plus sombre.

OLIMBRE.

Si ie ne suis deceu par la lune ou par l'ombre,
C'est Thrasimond,

SCENE III.

THRASIMOND, VRSACE, OLIMBRE.

THRASIMOND.

A Mis , estes-vous donc icy?

VRSACE.

Seigneur, pouuez-vous rire & nous parler ainsi?
Quoy, dans ce lieu funeste, & dans vne aduanture,
Qui demande des pleurs à toute la nature,
Ou vous perdez autant, que nous auons perdu;
Ou vous auez causé, ce mal non attendu;
Vous pouuez rire ! helas dans ce mal-heur extréme,
Que fait vostre vertu , vostre amour, & vous-
　　mesme?

THRASIMOND.

Elles viuent encor,

VRSACE.

O Dieu que dites-vous!

OLIMBRE.

Elles viuent!

THRASIMOND.

Gardons ce secret entre nous,
Elles viuent amis:

VRSACE.

O Ciel ie te rends grace:

THRASIMOND.

Vous demandez, comment, que ie vous satisface.
Lors que l'Imperatrice auecques son flambeau,
Eut embrasé ce lieu que l'on croit son tombeau,
Elle se retira dans vne gallerie,
Pendant que Genseric exerçoit sa furie,
Que l'on rompoit la porte, & que d'autre costé,
Le feu iusques au Dome, estoit desia monté.
Là, si prés de sa fin, cette genereuse ame,
Regardoit approcher, & sa mort, & la flame,
Et sans estonnement attendoit le trespas,
Que tout le monde craind, & qu'elle ne craind pas,
Lors que considerant, l'vne & l'autre Princesse,
Elle vit dans leurs yeux vne telle tristesse,
Vne telle douleur d'aller sitost mourir,
Que son affection voulut les secourir.

La pitié la surmonte, & dans cette aduanture,
Sa generosité, le cede à la nature:
Et sentant que son cœur ne pourroit acheuer,
Ouy (dit-elle) il faut viure, afin de vous sauuer.
Ainsi dans ce peril, & dans cette rencontre,
Elle prend vn tapis que le bon-heur luy monstre,
L'attache à la fenestre, en ces extremitez;
Fait descendre au iardin ces deux ieunes beautez,
Les anime à cela, les soutient par derriere,
Enfin les met à terre, & descend la derniere.
Là, les arbres touffus; & l'ombre de la nuit,
En là fauorisant font qu'elle les conduit,
Iusques au pauillon où Talerbal sommeille,
(C'est vn vieux iardinier) elle appelle, il s'esueille;
Il ouure, elle entre, il reste estonné de la voir;
Il luy promet pourtant, vn fidelle deuoir;
Elle luy iure aussi, pourueu qu'elle me voye,
De le recompenser; bref elle me l'enuoye:
Il me trouue, i'y vay, ie luy parle vn moment;
Ie retourne aussi-tost à mon apartement,
Afin de donner ordre aux choses necessaires:
Ainsi voila l'estat où i'ay mis nos affaires;
Iugez apres cela, si vous auez raison,
D'accuser vos amis, d'aucune trahison.

VRSACE.

Pardonnez, s'il vous plaist, à ma douleur trop forte,
Vous sçauez qu'vn torrët quelquesfois nous emporte,

Et que sa violence, en son commencement,
Destruit, rauage, entraisne, & perd tout aysement.
Enfin, si i'ay failly, qu'on m'ordonne vn supplice:
Mais Seigneur, en quel lieu reste l'Imperatrice?

THRASIMOND.

Elle est sous vne voute assez proche d'icy:
A moy, Madame, à moy.

VRSACE.

Ciel!

SCENE IV.

L'IMPERATRICE, PLACIDIE, EVDOXE,
OLIMBRE, THRASIMOND, VRSACE.

L'IMPERATRICE.

Seigneur, nous voicy:
Mais auec tant de crainte, & tant d'inquietude,
Que ie croy que la mort n'a rien qui soit plus rude.

THRASIMOND.

A quelque extremité que ce mal puisse aller,
Olimbre que voicy, vous pourra consoler.

EVDOXE,

L'IMPERATRICE.

Olimbre dites-vous!

PLACIDIE.

Ha ma sœur, c'est luy-mesme:

OLIMBRE.

Madame..

L'IMPERATRICE.

Vnique amy du seul homme que i'aime,
Ou pour mieux dire encor, de celuy que i'aimois,
Puis qu'il n'est plus viuant ; helas, ie pers la voix.
Vrsace ne vit plus, & par toute l'Affrique,
Cette triste nouuelle ; est desormais publique ;
Vrsace enfin est mort:

OLIMBRE.

Ouy Madame, & mourant,
Ce pauure cheualier me dit en soupirant,
D'vne voix languissante, & d'vn visage haue ;
Que ie vinsse en son nom vous offrir cét esclaue.

L'IMPERATRICE.

Il le faut affranchir Olimbre.

OLIMBRE.

Ha pour ce point,
Madame, asseurez-vous, qu'il ne le voudra point.

L'IMPERATRICE.

Sois libre mon amy,

VRSACE.

Ie vous feray connaistre
Que ie vous garde vn cœur, qui ne veut iamais l'estre.

OLIMBRE.

Ie vous auois bien dit qu'il ne le voudroit pas.

L'IMPERATRICE.

Que cette voix charmante, a de charmants apas!
Qu'elle est puissante au cœur, qu'elle est douce à l'o-
reille.
Confirmez-moy mes yeux vne telle merueille.
Est-ce vous cher Vrsace?

VRSACE.

Ouy Madame, c'est moy,
Trop content, trop heureux, puisque ie vous reuoy.

L'IMPERATRICE.

Helas que de mal-heurs, trauersent nostre ioye!

VRSACE.

Ie les mesprise tous, pourueu que ie vous voye.

L'IMPERATRICE.

Nous sommes en danger,

VRSACE.

Mais nous en sortirons,

L'IMPERATRICE.

Ie crains pourtant beaucoup,

VRSACE.

Ha Madame esperons,
Au pis aller, ma mort vous tirera de peine:

L'IMPERATRICE.

O que cette parole, est encor inhumaine!

VRSACE.

Elle part de mon cœur, i'en atteste les Cieux:

PLACIDIE.

Madame il faut songer à sortir de ces lieux:
VRSACE.
En effect, en ces lieux le danger est extresme:
Et bien que dans mon cœur l'amour le soit de mesme,

si

Si ie vous en parlois en ce fascheux moment,
I'aurois beaucoup d'amour, & peu de iugement.
Ne nous engageons point dás quelqu'eutre disgrace:
Et puis, trop de tesmoins escouteroient Vrsace;
La crainte & le respect, le feront taire icy;
Mais sortons de ces lieux, & de Carthage aussi.

EVDOXE.

Mais les difficultez m'en semblent assez fortes;
Car le Roy fait garder, & le haure, & les portes;
Et difficilement pourra-t'on nous sauuer.

L'IMPERATRICE.

Quel remede Seigneur, esperez vous trouuer?

THRASIMOND.

Desia le Roy touché d'vn repentir extréme,
Deteste son amour, sa fureur & soy-mesme,
Il a fait prendre Aspar, il l'a fait enchaisner,
Il medite la mort, qu'il luy fera donner;
Il le nomme la cause, & l'autheur de son crime;
Il dit que sa douleur est forte, & legitime;
Que iamais ses esprits, ne seront consolez:
L'on a trouué les os de ces gardes bruslez;
Et ne discernant pas les vns d'auec les autres,
Il les garde, il les baise, il les prend pour les vostres;
Et pour les conseruer comme vn riche thresor,
Il les met sous vn Dais, & dans vne vrne d'or.

N

Car à peine (preſſé d'vne mortelle atteinte)
Par le coſté du parc la flame fut eſteinte,
A peine auec de l'eau ceſſa l'embraſement,
Qu'il fut chercher luy-meſme à voſtre apartement.
Enfin, plein de douleur, il ſoupire & proteſte,
Que d'vne iniuſte amour, aucun feu ne luy reſte,
Et bref qu'il ne ſent plus que ce qu'il doit ſentir,
C'eſt à dire le trait, d'vn cuiſant repentir,
Ainſi voſtre ſalut, n'eſt pas ſans apparence.

OLIMBRE.

Non Madame, & mon cœur en conçoit l'eſperance.
I'imagine vn deſſain, & ſeur, & bien conduit,
Mais dans ce pauillon, allons paſſer la nuit,
Et qu'on me laiſſe apres le ſoin de cette affaire,
Le ciel m'inſpirera, ce que ie deuray faire.
Vous verrez que le Roy me cherit autrefois,
Et qu'en la main de Dieu, ſe voit le cœur des Roys.

L'IMPERATRICE.

I'y conſents, & ce Dieu redouble mon courage,

THRASIMOND.

Soyez donc le Pilote, en vn ſi grand orage.

VRSACE.

S'il faut perdre quelqu'vn, pour le ſalut de tous,
Ciel acceptez vn cœur qui ſe preſente à vous,

Fin du quatrieſme Acte.

ACTE V.

L'IMPERATRICE, VRSACE, THRASI-
MOND, OLIMBRE, GENSERIC,
OLICHARSIS, EVDOXE, PLACIDIE,
ASPAR, TROVPE DE GARDES,

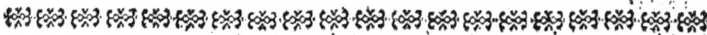

SCENE PREMIERE

L'IMPERATRICE, VRSACE.

L'IMPERATRICE.

E iour est desia grand.

VRSACE.

Ouy Madame.

L'IMPERATRICE.

Il n'importe,
Il suffit seulement de fermer cette porte,

N ij

Que le feu qui deuore en bouleuerſant tout,
Pour nous fauoriſer, vient de laiſſer debout:
Car parmy ce debris, dont l'horreur eſpouuante,
On ne peut eſtre veu de perſonne viuante,
Parlez donc cher Vrſace, & me dites pourquoy,
Vous auez ſouhaité vous voir ſeul auec moy.

VRSACE.

Madame, ſur le point de rompre mon ſilence,
Ie ſents d'vn mal ſecret, l'extréme violence,
Ma conſtance me quitte, & puis elle reuient;
Voſtre intereſt m'anime, & le mien me retient;
Ie veux, ie ne veux plus, & l'ame balancée,
Taſche inutilement, d'exprimer ſa penſée,
L'amour luy rend la force, & puis la luy rauit;
Par l'amour elle meurt, par l'amour elle vit;
Il la force à parler, il la force à ſe taire;
Et l'vn & l'autre enfin ne m'eſt plus volontaire.
Mais dans l'eſtat douteux, où ie ſuis en ce iour,
Il faut, il faut ſe vaincre, en faueur de l'amour:
Car ſi l'excez du mal, me fait perdre la vie,
La douleur ne fera, què ſuìure mon enuie;
Ie ſçay que le treſpas me pourra ſecourir,
Il faut donc ſe reſoudre, & parler pour mourir.
Aſſez voſtre grand cœur, genereux, & fidelle,
A teſmoigné pour moy, ſon amour, & ſon zelle,
Et le mien ſeroit laſche, & ſans reſſentiment,
S'il n'eſtoit ſatisfait, d'eſtre aymé conſtamment.

Madame, c'est assez, & la raison s'irrite,
De voir que vous m'aimez plus que ie ne merite,
Et que pour vn sujet, & que pour vn vassal,
Vous descendez du Throsne, & le traitez d'esgal.
Ouy, vous estes trop bonne, & luy trop temeraire;
Vous le deuiez punir, quand il osa vous plaire;
Vn iuste chastiment nous eust pû garantir,
Vous d'vn mal-heur si grand, & moy d'vn repentir.
Mais puis que le passé iamais ne se rappelle,
Faites que l'aduenir, vous trouue moins rebelle;
Obeïssez au sort, qui fait toût obeïr;
Et n'aymez plus vn cœur, que vous deuez haïr.
Ouy vous deuez haïr dans ce mal-heur extréme,
Celuy que le ciel haït, & qui se haït soy-mesme,
Mais qui dans la douleur dont il ressent les coups,
Haïssant & hay, n'ayme pourtant que vous.
Que vostre Maiesté (s'il luy plaist) me pardonne:
Ie me punis assez du conseil que ie donne;
Ie me fais plus de mal, que le sort ne m'en fait,
Et ie donne vn conseil, dont ma mort est l'effaict.
Mais quoy ie ne sçaurois vous souffrir dauantage,
En cét engagement, & vous voir à Carthage.
Quittez, quittez Vrsace, & receuez le Roy:
Il est, il est plus grand, & plus heureux que moy;
Si vous portez vn sceptre, il porte vne couronne;
La misere me suit, la splendeur l'enuironne;
Bien qu'il ait moins d'amour, il a plus de pouuoir,
Et ie cede par force, ou plustost par deuoir.

N iij

Car ces murs tous noircis, où la flame est esteinte,
Par leur affreux aspect, renouuellent ma crainte.
Ils me font souuenir des desordres passez,
Et vous disent pour moy, Madame, c'est assez.
Ne vous engagez plus dans ma triste aduanture;
Ne vous exposez plus aux tourmens que i'endure;
Viuez, viuez contente, & me laissez mourir,
Et pour vous rendre libre, & pour me secourir.
Ainsi iamais le sort, n'esbranle vostre gloire,
Et puisse vn mal-heureux, viure en vostre memoire;
C'est l'vnique bon-heur qu'il ose desirer,
Si sans excez, d'orgueil, il y peut aspirer.
Helas la voix me manque, en cét estat funeste;
Mais le cours de mes pleurs, vous dira bien le reste;
Ouy lisez dans mes yeux, & la rigueur du sort,
Et la force d'amour, & l'arrest de ma mort.

L'IMPERATRICE.

Vrsace vn tel discours me surprend dauantage,
Que n'ont fait tous les maux qu'on m'a fais à Car-
        thage.
Ie ne l'attendois pas d'vn cœur si genereux,
D'vn cœur si magnanime, & d'vn cœur amoureux,
Quoy vous m'abandonnez! & vostre ame est capable
De former vn dessain, qui la rend si coupable!
Vous pouuez seulement en auoir le penser!
Vous pouuez l'auoir dit, vous pouuez m'offencer!

Ha si vous le pouuez vous n'estes plus Vrsace,
Et ie souffre en cela ma derniere disgrace;
Car la perte du Throsne, & de la liberté,
Me sont moins que l'espoir que vous m'auez osté.
Au milieu des mal-heurs, cette chere esperance,
Consoloit mon esprit, soutenoit ma constance,
Et mon cœur opposoit, lors qu'il vouloit finir,
A son mal-heur present, l'espoir de l'auenir.
Mais helas auiourd'huy Princesse infortunée,
Quitte Vrsace & l'espoir, qui t'ont abandonnée;
Quitte encore le iour, puis qu'on cesse d'aymer;
Et r'allume le feu qu'on te vit allumer.
A la mort, à la mort, Vrsace est infidelle;
Il fuit nostre infortune, il est ennuyé d'elle;
Il nous oste son cœur, il se desrobe à nous;
Nostre sort est funeste, il en cherche vn plus doux;
Ne nous opposons point, à sa bonne fortune;
Permettons luy d'esteindre vn feu qui l'importune;
Vn feu qu'il apprehende, & qu'il iuge fatal;
Et souffrons qu'il s'en aille, à son pais natal.
Partez, donc cher Vrsace, abandonnez l'Affrique;
Rendez, vn Senateur à nostre Republique;
Laissez mourir Eudoxe, en ce bord estranger;
Il n'importe, partez, esuitez le danger.
Vous le voulez ainsi, i'y consens, ie vous cede;
Mais dans le desespoir, qui mon ame possede,
Souuenez-vous Vrsace, en me disant adieu,
Que vous laissez Eudoxe en ce funeste lieu:

Qu'elle y voulut mourir, pour vous estre fidelle,
Et qu'elle y va mourir pour estre tousiours telle.

VRSACE.

Ha Madame cessez d'outrager mon amour:

L'IMPERATRICE.

Mais vous me sme cessez de me priuer du iour.

VRSACE.

C'est pour vous conseruer, que ie me pers moy-mesme:

L'IMPERATRICE.

L'on n'agit point ainsi, quand il est vray qu'on ayme.

VRSACE.

En pouuez-vous douter?

L'IMPERATRICE.

Puis-je n'en douter point?

VRSACE.

M'estime-t'on si peu?

L'IMPERATRICE.

Me hait-t'on à tel point?

VRSACE.

Quoy, ma fidellité ne vous est pas connuë!

L'IMPERATRICE.

L'IMPERATRICE.

Mais si vous en auiez, qu'est elle deuenuë?

VRSACE.

Ie l'ay tousiours Madame, & veux tousiours l'auoir.

L'IMPERATRICE.

Mais elle est sans courage,

VRSACE.

Ou plustost sans pouuoir.

L'IMPERATRICE.

Ciel, Vrsace me quitte, & me quittant, il m'ayme!

VRSACE.

Le veritable Amant, n'agit point pour soy-mesme.

L'IMPERATRICE.

Agissez donc pour moy,

VRSACE.

Ie le croy faire aussi,

L'IMPERATRICE.

Mon Vrsace,

O

EVDOXE,

VRSACE.

Madame,

L'IMPERATRICE.

Helas restez icy.

VRSACE.

I'y voulois rester mort, mais puis qu'on me l'ordonne,
I'y resteray viuant, & vous estes trop bonne.

SCENE II.

THRASIMOND, PLACIDIE, EVDOXE,
OLIMBRE, L'IMPERATRICE, VRSACE.

THRASIMOND.

Madame, asseurement voicy venir le Roy:

L'IMPERATRICE.

Dieu par quelle raison?

OLIMBRE.

N'en ayez point d'effroy;

Tant mieux; c'est en ce lieu qu'on verra mon a-
dreſſe,
Cachons-nous promptement, puis que le temps nous
preſſe:

VRSACE.

Ciel, qu'eſt-ce que ie fais ; & qu'eſt-ce qu'il fera!

L'IMPERATRICE.

Rien que la ſeule mort ne nous ſeparera.

SCENE III.

GENSERIC, OLICHARSIS, ASPAR, TROVPE DE GARDES.

GENSERIC.

STANCES.

SI le regret d'vn ſacrilege
Peut obtenir le priuilege,
D'eſtre ſouffert aux lieux, qui virent ſon erreur;
Helas ombres dolentes,
Sçachez, qu'eſtant preſſé de douleurs violentes,
Ie viens vous immoler vn qui me fait horreur,
Et m'immoler moy-meſme, à ma iuſte fureur,

o ij

Icy fut commis noſtre crime,
Icy le remords legitime,
Le conduit à la mort, & m'y conduit auſſi:
　　Mais ô foible allegeance!
Pour vn crime ſi grand, c'eſt trop peu de vangeance;
Vn ſi iuſte courroux, ne s'eſteint pas ainſi;
C'eſt trop peu d'vne mort, mourons cent fois icy.

Funeſte obiet, cendre adorable,
Dans la douleur incomparable,
Qui trauerſe món ame, eſcoutez mes propos:
　　Helas, quoy qu'inſenſible,
Teſmoignèz à mon cœur, du moins s'il eſt poſſible,
Que vous voulez ma mort, pour me mettre en repos,
Et que voſtre vrne ſerue, à mettre auſſi mes os.

O diſcours ſans raiſon, dont l'orgueil eſt inſigne!
Ie demande vn honneur, dont ie ſuis trop indigne:
Si le laſche aſſaſſin par ſon funeſte abord,
Renuerſe la nature, & fait ſeigner vn mort,
Indubitablement cette cendre à la veuë,
D'vn perfide meurtrier, ſeroit encor eſmeuë.
Ha ne l'approche point, Barbare ſans pitié,
Qui ne connus iamais la parfaite amitié:
Laiſſe, laiſſe en repos, cette cendre fidelle;
Tu ne merite pas, de mourir auprés d'elle;
Garde toy bien de mettre en vn meſme tombeau,

Le corps de l'innocent & celuy du Bourreau,
Loin, prophane, loin d'elle, & loin de ces riuages,
Va mourir au milieu de cent Tigres sauuages;
Et tiens pour asseuré, qu'en ce lieu plein d'effroy,
Ils seront moins cruels & moins Tigres que toy.
Helas quel desespoir, s'empare de mon ame!
Icy ma violence, alluma cette flame;
Icy ma violence, esteignit mon bon-heur;
Bref, icy ie perdis le repos, & l'honneur,
Ha ne cesse iamais de souffrir & de pleindre;
Elle deuoit regner, tu la voulois contraindre;
L'amour ne peut venir que par la volonté,
Et tu luy rauissois repos, & liberté.
Iniuste passion, amour lasche, & funeste,
Pire que le poison, & pire que la peste,
Par toy i'ay fait vn crime horrible au souuenir,
Que mesme tout l'Enfer ne peut assez punir.
Helas ces bastimens en sont de tristes marques!
Meurs la honte du siecle, & l'horreur des Monar-
      ques;
Meurs pour te deliurer de ces pressants remors;
Et pour cacher au moins ton crime entre les morts,
Si le temps & la mort ont vne ombre assez noire,
Pour desrober vn iour, ton crime à la memoire.

OLICHARSIS.

Seigneur, consolez-vous, ce iuste repentir,
Que vostre Maiesté commence de sentir,

Chez la posterité sauuera vostre estime;
Außi n'estes vous point la cause de ce crime;
Tout le mōde vous plaind, chacun en sçait l'autheur.

GENSERIC.

Ha sage Olicharsis, ie creus trop vn flateur!
Helas heureux les Roys, helas heureux les Princes,
Qui pour se delasser du faix de leurs prouinces,
Rencontrent vn Ministre, & sage, & genereux,
Qui sans penser à soy, veut s'immoler pour eux;
Qui leur donne tousiours des aduis profitables,
Qui rend en tous endroicts leurs armes redoutables,
Qui fait craindre leur nom, chez tous les estrangers,
Et qui ne craind pour eux, ny trauaux ny dangers.
Qui cherche à leur valeur, de nouuelles matieres;
Affermit leurs estats, recule leurs frontieres;
Qui fait de leur honneur, son vnique soucy;
Helas heureux les Roys, qui le trouuent ainsi.
Traistre tu fus bien loin de ces nobles maximes!
Ton esprit criminel, me conseilla des crimes,
Indignes de mon rang, & bien dignes de toy;
Mais qui m'ayant perdu, te perdront auec moy.
Tu m'as osté l'honneur, tu m'as osté la ioye,
Par toy de cent vautours, mon cœur deuient la proye,
Tu m'as fait mal-heureux, tu m'as desesperé,
Mais außi ton supplice est desia preparé;
Ie verray t'arracher ce cœur remply de vices;
Ce cœur où fut tousiours la fraude, & l'artifice;

Ie veux voir ce perfide, encor tout palpitant,
Mourir aux yeux de tous, luy qui se cachoit tant.
Mais l'indigne vangeance, apres vn tel outrage,
Il faut plus noblement tesmoigner à nostre âge,
Que nous sçauons vanger, que nous sçauons punir;
Nostre cœur a peché, nostre cœur doit finir;
Il n'est pas innocent, qu'il ne soit pas sans peine;
Satisfaisons ensemble, & l'amour, & la haine;
Mourons, faisons mourir, perdons, & perdons nous,
Mais helas pour nous deux, le trespas est trop doux.
Ciel, Olimbre paroit! le voila qui s'approche.

SCENE IV.

GENSERIC, OLIMBRE, OLICHARSIS,
ASPAR, TROVPE DE GARDES.

GENSERIC.

Viens, viens percer mon cœur par vn sanglant
reproche,
Viens voir, helas viens voir, en cette occasion,
Mon front couuert de honte, & de confusion.
est là que tu verras les marques de mon crime:
est là que tu verras ma douleur legitime;

Ouy c'eſt là cher amy, que ton œil pourra voir
Les marques de ma râge, & de mon deſeſpoir:
Mais helas, c'eſt icy, que par ma perfidie,
Ton cœur en arriuant, trouue ſa Placidie;
Ouy ſes cendres y ſont, vange la, vange toy,
Ne conſidere point la qualité de Roy;
Que cet objet t'eſmeuue, & te porte à me plaire;
Contente mon deſir, auecques ta colere;
Icy tu vois ta perte, & qui te la cauſa;
Imite vn aſſaſin, oſe ce qu'il oſa;
Ta fureur ſera iuſte, & la ſienne eſt coupable;
Reiette la pitié, dont il fut incapable;
L'honneur te le commande, & ton amour auſſi;
Et le cœur affligé, qui t'en coniure icy.

O. LIMBRE.

Quand i'aurois plus perdu, que l'on ne croit encore,
Mon cœur qui vous connoit, mon cœur qui vous ho-
    nore,
Seroit dans le deuoir, à voſtre auguſte aſpect:
Mais ſi ie puis parler ſans perdre le reſpect,
I'oſe dire Seigneur, en rompant mon ſilence,
Que voſtre procedure eut trop de violence:
Voſtre humeur en cela, perdit bien ſa bonté:
Quoy, pretendre Seigneur, forcer la volonté!
Ce rare priuilege, & que le ciel nous donne!
Que voſtre Maieſté m'eſcoute & me pardonne,

Il est vray qu'elle eut tort, d'aspirer à ce point,
Et de vouloir forcer, ce qu'on ne force point.
Et puis, la qualité si haute, & si sublime,
En cette occasion, augmente encor le crime;
Le sang de tant de Roys, deuoit toucher vn Roy:
Mais, dois-ie dire tout? ouy Seigneur ie le doy:
Ce qui rend auiourd'huy, vostre erreur sans esgale;
C'est que vous violez la parole Royalle;
Que vous auiez iuré de seruir constamment,
Celle que vous perdez dans vostre aueuglement.
Qui voudras'asseurer aux promesses d'vn Prince,
Qui feignant d'asister, vsurpe vne Prouince,
Et contraint à mourir les Princes alliez?
Iugez apres cela, si vous vous oubliez
Et si la renommée en semant cette histoire,
Peut manquer de ternir l'esclat de vostre gloire:
Que ne dira t'on point, apres vn tel mal-heur?
Seigneur vostre interest, fait toute ma douleur:
Vous perdez vn esclat, si remply de lumiere,
Que la seconde perte esgale la premiere:
Oüy, vous perdez l'hōneur, pour suiure vn vain desir,
Et vous trouuez la peine en cherchant le plaisir.

GENSERIC.

Ciel, en cét accident ie la rencontre telle,
Qu'elle m'obligeroit, me deuenant mortelle;
Ie ne puis plus souffrir ce triste souuenir;
Ce lamentable objet, qui vient pour me punir;

P

L'eſpouuanté & l'horreur occupent ma penſée;
Mon œil ne voit plus rien, que ma faute paſſée;
Elle me ſuit par tout, ie la trouue en tous lieux;
Trois fantoſmes bruſlez, s'offrent deuant mes yeux;
Ie les voy languiſſants, ie les voy dans les flames;
Pardon, helas, pardon, ô genereuſes ames;
Ne me reprochez plus, l'erreur que vous blaſmez;
Ne me preſentez plus, vos beaux corps conſumez;
Retirez cét objet, qui m'oſteroit la vie;
Et ſongez que la mort eſt toute mon enuie;
Qu'en vous offrant à moy, vous venez me l'offrir,
Et que vous me deuez laiſſer viure, & ſouffrir,
Car ie viens de me rendre en vous oſant pourſuiure,
Indigne de mourir, comme indigne de viure.

OLIMBRE.

Seigneur, ce repentir qui paroit en ce iour,
Eſt encor vn effect, de la premiere amour.

GENSERIC.

Nullement, i'ay banny cette amour criminelle,
Auſſi bien que l'eſpoir, que i'auois mis en elle:
Ce n'eſt qu'vn ſentiment, d'horreur & de pitié.

OLIMBRE.

Mais l'amour quelques fois, ne paroit qu'amitié.

GENSERIC.

Ie ſçay leur difference, & les dois bien connoiſtre.

OLIMBRE.

Ce premier fort ſouuent, ſe cache comme vn traiſtre.

GENSERIC.

Ha ie le connoy trop, pour l'endurer en moy.

OLIMBRE.

Vous ſçauez bien pourtant, qu'il eſt plus fort qu'vn Roy.

GENSERIC.

Oüy qu'vn Roy ſuborné, par la voix d'vn infame;
Mais apres mes mal-heurs, il n'eſt plus dans mon
ame.

OLIMBRE.

Quoy Seigneur, ſi toſt libre, & ſi toſt deſgagé?

GENSERIC.

Mon cœur n'eſt plus eſclaue, il n'eſt plus qu'affligé.

OLIMBRE.

Quoy deſia ſans amour! eſt-ce vous que i'eſcoute?

P ij

GENSERIC.

Ouy c'eſt moy qui m'offence, en remarquant ce doute;
Quand il arriueroit par le pouuoir des Cieux,
Qu'Eudoxe vne autrefois ſe monſtraſt à mes yeux,
Et que par vn prodige, auſſi grand qu'impoſſible,
En ſortant du ſepulchre, elle deuint ſenſible,
Quand elle paroiſtroit auec tous ſes apas;
Mon cœur l'honoreroit, & ne l'aymeroit pas.

OLIMBRE.

Seigneur l'objet preſent, a beaucoup de puiſſançe.

GENSERIC.

Ha tu ne connois pas quelle eſt ma repentance!
Ha tu ne connois pas quel eſt le changement,
Qu'auiourd'huy la raiſon a faict en vn moment!
Mon cœur eſt pour iamais incapable du crime,
Qui cauſe vn repentir, ſi grand, ſi legitime;
Mais repentir tardif, tu ne me ſers de rien!
Mon mal eſt ſans remede, & ie le connoy bien;
Il faut que la fureur ſuccede à la manie,
Et qu'eternelle ment mon ame ſoit punie;
Et que le deſeſpoir, ne m'accorde iamais,
Dans vn trouble ſi grand de treſue ny de paix;
Si la mort ne me rend ma liberté premiere,
Indigne que ie ſuis, de voir plus la lumiere.

Ha l'horreur de mon crime occupe tous mes sens;
Ie succombe à la fin, sous les maux que ie sens;
Cheres ames pardon, & du ciel où vous estes,
Regardez dans mon cœur, tout ce que vous y faictes;
Voyez-y mon regret, voyez-y ma douleur;
Voyez, que mes pechez n'y meslent rien du leur;
Voyez, si ce regret, est grand, & veritable;
Et si vostre bonté me le rend profitable,
Si vous me voulez faire vn agreable don,
Accordez, à mes pleurs, accordez vn pardon,
Qui m'oste auec le iour, des sentimens si sombres;

SCENE DERNIERE.

OLIMBRE, GENSERIC, L'IMPERA-
TRICE, EVDOXE, THRASIMOND,
PLACIDIE, VRSACE, ASPAR, OLI-
CHARSIS, TROVPE DE GARDES.

OLIMBRE.

Voicy, voicy Seigneur, ces bié-heureuses ombres,
Qui viennent accorder à vostre Maiesté,
Le pardon qu'elle implore & qu'elle a merité.

GENSERIC.

Iuste Ciel!

EVDOXE,

OLIMBRE.

Ouy Seigneur leur defir est le vostre;
Mais en prenant vn bien, accordez en vn autre;

GENSERIC.

Que voy-ie?

L'IMPERATRICE.

C'est Seigneur, qu'il vous plaise auiourd'huy;
Puis qu'Vrsace est viuant, que ie sois toute à luy.
Il tient depuis long-temps ma parole engagée,
Et mon affection ne peut estre changée.
Ne taschez plus de rompre vn lien eternel,
Qui ioignit nos deux cœurs, d'vn serment solemnel.
Accordez à ce cœur qui soupire & qui tremble,
Que nous puissons enfin viure ou mourir ensemble.
Ie sçay que vostre amour me faisoit trop d'honheur,
Et qu'en vous refusant, ie refuse vn bon-heur,
Qui passe mon merite, & qui me rend coupable;
Mais ie refuse vn bien dont ie suis incapable:
Ie ne puis estre à vous, ie ne suis plus à moy;
Et tout cœur genereux, n'engage qu'vne foy:
Grand Prince, grand Monarque, accordez ma re-
queste;
Ainsi iamais danger n'approche vostre teste,
ainsi tousiours la gloire, accompagne vos pas,
Et vous rende immortel, apres vostre trespas.

THRASIMOND.

Ce fils qui fut si cher à la bonté d'vn pere,
Demande cette grace, ou plustost il l'espere:
Mais il demande encor, en ce bien-heureux iour,
Que son pere & son Roy, consente à son amour.
Puisque la belle Eudoxe, a receu son seruice.

OLIMBRE.

C'est icy, c'est icy qu'il faut qu'on accomplisse
Ce qu'vn Roy genereux, m'a promis tant de fois:
Suiuez donc mes aduis, ô le plus grand des Roys;
La iustice en cela, rend ma voix plus hardie,
C'est ce que ie demande auecques Placidie;
Comblez moy de plaisir, en vous comblant d'hōneur,
Et sauuez vostre gloire, en sauuant mon bonheur.

VRSACE.

O Prince qu'à bon droit tout l'vniuers renomme,
Icy doit la vertu, vaincre vn vainqueur de Rome,
Icy vous surmontant, sçachez que sans flatter,
Vous surmontez celuy, qu'on ne peut surmonter,
Que c'est la plus illustre, & plus noble victoire,
Et la seule qui peut couronner vostre gloire.
Du haut du Capitole, où parut vostre bras,
Vostre illustre nom volle, aux plus lointains climats.

Ouy du grand Genferic, ce vray foudre de guerre,
On renere le nom, aux deux bouts de la terre,
Gardez donc de ternir vn efclat fans pareil,
Qui s'eftend aufsi loin que celuy du foleil,
Et ne vous oftez pas, cette gloire fupréme
Que vous ne perdrez point, fi ce n'eft par vous mef-
　　　me.

Souuenez vous Seigneur, puifque chacun vous
　　voit,
Et de l'Imperatrice, & de ce qu'on luy doit.
Pour moy de qui l'orgueil, attaqua voftre armée,
Pour le feul intereft de la perfonne aymée,
Et qui fans craindre en fuitte, vn fi iufte courroux,
Ay la temerité, de me monftrer à vous;
Ie ne demande rien pour moy, mais tout pour elle;
Sauuez-la, perdez moy, la mort n'eft point cruelle
Apres tant de douleurs, & tant de maux fouffers;
Enfin ie fuis à vous, & i'ay defia des fers.

GENSERIC.

Ciel, il n'en faut point tant, pour vne ame affligeé,
Que le feul repentir, auoit affez changeé!
Efclaue genereux, efperé, & ne craindsrien,
Ie ne m'oppofe plus à voftre commun bien;
Et ie ne pretends plus d'vne vertu fi haute,
Rien, finon que l'oubly puiffe effacer ma faute;
Madame, accordez-le par grace, & par pitié.
L'IMPERATRICE.

L'IMPERATRICE.

Seigneur, ie vous l'accorde, auec noftre amitié.

GENSERIC.

Adorable bonté, bien digne de l'Empire!

L'IMPERATRICE.

Vous fçauez dés long-temps que Marcian foupire,
Et dans Conftantinople il faut l'aller trouuer,
Pour le charmer du bien, qui nous vient d'arriuer.

GENSERIC.

Oüy, mais auparauant il faut que dans Carthage
Nous acheuions demain ce triple mariage,
Apres tant d'accidens, le pluftoft vaut le mieux:
Mais quel infame objet, s'offre encor à mes yeux?
Qu'on ofte ce mefchant, ce vray monftre d'Affri-
  que,
Et qu'on le facrifie à la haine publique.

L'IMPERATRICE.

Non Seigneur fon exil eft affez rigoureux,
Ne marquez point de fang, ce beau iour tant heu-
  reux.

GENSERIC.

Va donc, & va si loin, qu'aucun ne te reuoye.
Mais ce funeste lieu, semble empescher ma ioye:
Sortons, & m'apprenez en cét heureux moment,
Quel Ange vous sauua de cét embrasement.

VRSACE.

Ciel, enfin vous rendez ma gloire souueraine,
Et mon contentement, surpasse bien ma peine!
Que soyez vous benit, & que le soit par moy,
Et la vertu d'EVDOXE, & la bonté du Roy.

FIN.

Priuilege du Roy.

LOVIS par la grace de Dieu, Roy de France & de
Nauarre. A nos Amez & Feaux Conseillers, les
Gens tenans nos Cours de Parlement, Maistre des Re-
questes ordinaires de nostre Hostel, Baillifs, Seneschaux,
Preuosts, leurs Lieutenans, & tous autres de nos Iusti-
ciers & Officiers qu'il appartiendra, Salut. Nostre bien
amé Augustin Courbé Libraire à Paris, nous a fait re-
monstrer qu'il desireroit imprimer *La Tragi-Comedie
d'Eudoxe, par le sieur de Scudery,* s'il auoit sur ce nos Lettres necessaires, lesquelles il nous a tres-humblement
supplié de luy accorder: A CES CAVSES, Nous auons
permis & permettons à l'exposant d'imprimer, vendre &
debiter en tous lieux de nostre obeyssance ladite *Tragi-
Comedie,* en telles marges, en tels caracteres, & autant de
fois qu'il voudra, durant l'espace de dix ans entiers & ac-
complis, à compter du iour qu'elle sera paracheuée d'imprimer pour la premiere fois; Et faisons tres-expresses
deffences à toutes personnes, de quelque qualité & condition qu'ils soient, de l'imprimer, ny faire imprimer, vendre ny distribuer, en aucun endroit de ce Royaume, durant ledit temps, sous pretexte d'augmentation, corre-
ction, changement de tiltre, ou autrement, en quelque
sorte & maniere que ce soit, à peine de quinze cens liures
d'amende, payables sans déport par chacun des contre-
uenans, & applicables vn tiers à Nous, vn tiers à l'Hostel
Dieu de Paris, & l'autre tiers à l'exposant; de confisca-
tion des exemplaires contrefaits, & de tous despens, dom-

mages & interefts : A condition qu'il en fera mis deux Exemplaires en noftre Bibliotheque publique, & vn en celle de noftre tres-cher & feal le Sieur Seguier Chancelier de France, auant que de l'expofer en vente, à peine de nullité des prefentes, du contenu defquelles nous vous mandons que vous faffiez ioüir plainement & paifiblement l'expofant, & ceux qui auront droit d'iceluy, fans qu'il leur foit fait aucun trouble ny empefchement. Voulons auffi qu'en mettant au commencement, ou à la fin dudit Liure vn bref Extrait des prefentes, elles foient tenuës pour deuëment fignifiées, & que foy y foit adiouftée, & aux copies d'icelle, collationnées par l'vn de nos Amez & feaux Confeillers & Secretaires, comme à l'Original. Mandons auffi au premier noftre Huiffier ou Sergent fur ce requis, de faire pour l'execution des prefentes, tous Exploits neceffaires, fans demander autre permiffion; CAR tel eft noftre plaifir, nonobftant oppofitions ou appellations quelconques, & fans preiudice d'icelles, Clameur de Haro, Chartre Normande, & autres Lettres à ce contraires. DONNE' à Paris le 31. iour de Mars, l'an de Grace 1640. Et de noftre Regne le trentiefme, Par le Roy en fon Confeil. Signé, CONRART.

Les Exemplaires ont efté fournis, ainfi qu'il eft porté par le Priuilege.

Acheué d'imprimer le 2. iour de Ianuier 1641.

www.ingramcontent.com/pod-product-compliance
Lightning Source LLC
Chambersburg PA
CBHW060206100426
42744CB00007B/1189